The First Step of Accounting

会計学 はじめの一歩

鈴木 一道 編著
Kazumichi Suzuki

第2版

中央経済社

はじめに

　こんにちは。私は，もう引退してしまいましたが，元大リーガーのイチローと同姓同名の鈴木イチローといいます。今は，信用金庫に勤務していますが，近々，父親が経営している中小会社を事業承継することが決まりました。父親から引き継ぐ会社は，スマートフォンの部品の製造を中心としていますが，これから少しだけ多角経営に向けて準備していこうと思っているところです。

　しかし，父親がやっていた会社経営なるものを，ヒト・モノ・カネを中心にして，自分1人で担っていくことを考えると不安にもなります。大学時代に経営学をシッカリと勉強したわけではありませんが，ある先生が「会計の知識は，ビジネスには不可欠である。お金の流れを正しく理解するための会計力を身につけなさい。」と話していたことを思い出しました。残念ながら，勤務先が金融機関だからといって，自分に「会計力」が身についているとはいえません。

　そこで，親戚で大学教授の鈴木一道先生に，どのように勉強していけばいいかも含め，相談してみました。すると，先生から，「私は，4月から『会計学』の初心者向けの授業を担当することになっているから，その内容でよければ話をしてあげよう」という返事をもらいました。また，「大学には，会計関係のいろいろな科目を専門にした先生もたくさんいるので，その先生方も紹介できるし，アドバイスももらえるだろうから，一度，研究室に来てはどうだろう」という提案もしてもらいました。鈴木先生は，数人の同僚の先生に話をして下さり，その結果，担当する先生方の研究室で個人授業を受けることができることになりました。その様子を記したものが本書になります。各章は，私，鈴木イチローが研究室を訪ねて行くところから始まります。

　本書の構成は，各章とも，授業前の肩慣らしの意味で「ウォーミングアップ」と名づけたコーナーにはじまります。そこでは，その章で話す内容を野球の話と関連させることで，身近なものに感じてもらうように工夫されています。その後，授業は，先生方と私の会話形式を中心に進められていきます。また，各章の授業の後には，試合後のキャッチボールという意味で「クールダウン」というコーナーも設けられていて，自宅で復習した際に出てきた疑問を往復

メールで解説してもらうようになっています。さらに，第2版では，話題になっていることを先生方が簡潔に解説する「コラム⚾あと一球」も，各章末に新たに設けられました。これらをキッカケに，会計を少しでも楽しみながら学んでいこうではありませんか。それでは，私，イチローと一緒に会計学の世界に第一歩を踏み出すことにしましょう。

　では，プレイボール！

イチロー

CONTENTS

～コラム⚾あと一球～

第1章

会計の守備範囲

 ウォーミングアップ ·······························

4月最初の月曜日

イチロー君，ドキドキしながら鈴木先生の研究室を訪ねました。ここから，物語が始まります。

コンコン（鈴木先生の研究室の扉をノックする音）

鈴木先生 どうぞ〜。

イチロー 失礼します。鈴木イチローです。本日は，よろしくお願いします。

鈴木先生 同じく，鈴木です。待っていましたよ。イチロー君の名前，かつて大リーグのマリナーズにいた選手と同じだから，話題になるだろうな〜。

イチロー ええ，仕事で話のキッカケになってます。でも，中学生のとき，野球部に入っていましたが，大リーグは大谷翔平選手のいるエンジェルスの試合をたまにTVで見るくらいで，あまり詳しくないんですよ。

鈴木先生 そうか。でも，日本のプロ野球も大リーグも野球だから，同じところもあるだろう。そこで少し考えてみたんだが，せっかくだから会計の話のなかにできるだけ野球の話を取り入れながら，進めるようにしていこうと思うんだ。さて，イチロー

君は今はまだ信用金庫に勤務だから，各企業の資金繰りとかの重要性は理解しているよね。

イチロー　はい。特に中小企業にとっては，資金の流れは人間の血液みたいなものですから，大切なことはわかっていますし，金融機関は，それを供給するための仲立ちをしていると理解しています。ただ，父の会社も，どうも製造に力をいれちゃって，もう少し金銭面の管理をしっかりとすれば安定的な経営ができるんでしょうが…。そこで自分としては，少しその点で改善に取り組んで，将来，世界的に知名度の高い企業にまで成長できればと，夢みたいなことを考えています。そのためには，「会計」の知識は必要不可欠だと考えますし，会社の生き残りをかけて，海外企業との提携なんていうのも考えると，「国際会計」の知識も必要だと思っています。

鈴木先生　僕も，昔から大リーグ中継を見ているけど，プロ野球でも大リーグでも，巨人やヤンキースのように多額の資金を使っていい選手を集める球団もあるし，広島やロイヤルズのように資金的に潤沢じゃないので，自前の選手を育てて戦力にする球団もあるよ。少し昔は，アスレチックスがお金を使わないでチャンピオンシップ・シリーズに出場したので球団経営が脚光を浴びたし，それがブラッド・ピット主演で映画にもなったしね〜。いや〜，ちょっと話が古すぎるかな〜。とにかくお金は企業経営に大事なんだよ。イチロー君は，お金の流れを記録する簿記は大丈夫かな？

イチロー　実は，それほどでもないんです。

鈴木先生　じゃあ，それもおいおい勉強するとして，今日は，「会計」とは何かについて，少し抽象的だけれども説明することにしようか。

．．

1　会計とは？

　私たちの身の回りに，「会計」（accounting）はたくさん存在しています。例えば，スタジアムに野球観戦に行った際，お気に入りの選手の応援グッズを買ったとしましょう。レジで，「お会計は，3,500円になります」，なんて日常茶飯事的に会計というコトバを聞くことになります。ここでいう「会計」は，

現金の支払いを意味していますが，「会計学」で学ぶ「会計」は現金の受取り
と支払いだけを対象としているわけではありません。そのグッズを販売する側
は，それをどこかから購入していますが（この場合は，「仕入れ」といいます），
いつもいつも現金払いで購入しているわけではないからです。現金の出し入れ
を記録するだけでは，「家計簿」と同じになってしまいます。

　そこで最初に，私たちがこれから学ぶ「会計学」が，どういうところで行わ
れているのかを考えてみましょう。会計を行う場所（組織）は，その目的に
沿って2つに大別できます。利益の獲得を目的とする「営利組織」と，そうで
ない「非営利組織」です。前者の代表格は企業です。後者の代表格は，国とか
家計です。この授業で対象とする組織は，前者の「企業」となります。そのた
め，企業で行われる会計という意味で，「**企業会計**」などといわれることもあ
ります。この企業，会社ともいわれますが，現在，日本には約250万社の会社
が存在しています。その大半を占めるのは，「株式会社」です。

　当然，プロ野球の球団も，利益を獲得することで新しい選手の獲得ができた
り，スタジアムの改修工事をするわけですから，そんなことを考えながらチ
ケットの価格を決めたりしているんですね。

1―1 ●会計を行う場所

　この授業では，この株式会社で行われている会計を中心に話を進めます。会
社は，ヒト・モノ・カネ・情報で構成されるといわれています。その中のカネ
に該当する部分が会計学と関係します。何かを実行しようとしたとき，「まず，
先立つものは…」といいますが，それがカネです。別名，「資金」とか「元手」
ともいわれます。では，会社はどのようにしてこの資金を集めるのでしょうか。

イチロー　私の勤務する信用金庫では，特に地元の中小企業を中心に資金の用立てをしています。なので，多分，金融機関からの借入れが，資金集めの手段の１つになるのではないでしょうか。

鈴木先生　そうだね。しかし，株式会社の場合，まず株式を発行して資金の調達を行う。それで足りない場合に，金融機関から融資をしてもらうんだ。

　ちなみに，この株式を購入して資金の提供をしてくれた人のことを「株主」といい，資金を貸し付けてくれた人のことを「債権者」といいます（それが，会社のような組織でも債権「者」というのです）。どちらも企業経営をするうえでは同じ資金であって，目で見て区別をつけられません。株式を発行して集めた資金は「自己資本」ともいい返済義務のないものであり，金融機関から借りてきた資金は「他人資本」といって返済義務があるものという，異なった性格を持っています。簿記会計では，自己資本のことを資本とか純資産といい，他人資本のことを負債といいます。

1—2 ●資金の調達源泉と性質

資金の調達源泉 { 負　債 —— 他人資本 —— 債権者持分 —— 返済義務あり
　　　　　　　　純資産 —— 自己資本 —— 株 主 持 分 —— 返済義務なし

　これらは，最初は，どちらも現金の形をしています。この現金を使って，いろいろ必要なものを購入していくことになります。例えば，経営活動をするために，事務所を借りたり，商品を購入したり，備品を購入したり，従業員を雇い入れたり，商品を運ぶ自動車を購入したり，商品を保管しておくための倉庫を借りたり等々，現金が減っていくと同時にいろいろなものに化けていきます。その結果，モノが増えたり，コストが発生したりします。

1—3 ● 経営資金の循環

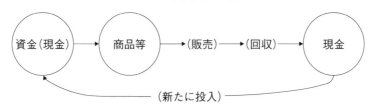

　以上のような知識をもとに，会計は，「企業で行われる活動を認識し，貨幣額を用いて測定し，その結果を関係者に報告する一連の手続き」と定義しておきましょう。この定義からは，会計とはある1つの行為をさしているのではなく，行為全体をさしていることがわかりますね。そして，その行為の中心は，「認識・測定」と「報告」だということもわかります。また，この定義の中には，大きな特徴があります。それは，また別の機会に説明しますが，貨幣額を用いるという点です。

　つまり，貨幣額で表せないものは，会計の対象にはならないということです。例えば，1985年に阪神タイガースが巨人戦で，バックスクリーン3連発というホームランをかっ飛ばしました。阪神ファンからすると宝くじが当たったようなものですが，巨人ファンからすると「…」。まあ，お互いこのシーンに価格をつけることは難しいですね（それ以前に，買うことができません）。たとえ価格をつけることができたとしても，人それぞれで，客観的な金額をつけることはできません。ちなみに私だと…。それはさておき，この事例は貨幣額で表せないので，簿記会計の対象にはなりえないということになります。ただ，近年では，貨幣額で表された財務情報のほかに，非財務情報も提供されるようになってきています。

1—4 ● 会計の機能

では，この認識・測定したものは，一体誰に報告するのでしょうか？　それは，**利害関係者**と呼ばれる人たちです。利害関係者をどのような人たちとするかについてもいろいろな意見がありますが，まずは，資金を提供してくれた人を外すわけにはいかないでしょう。株券を購入してくれた株主は，その株式を持ち続けるべきかまたは売却するべきかを決めなければなりません。お金を貸した金融機関は，追加融資に応えるべきか，あるいは別の条件をつけて貸すかどうかを決めなければなりません。つまり，何らかの意思決定をすることになります。そのために必要な情報を，企業が提供することになります。株主向けの情報とか，債権者向けの情報とか別々のものを提供するのはコストがかかります。ですから，1つの情報で，すべての利害関係者が，それぞれ意思決定できるような情報の提供がなされなければなりませんが，その中心にいるのが，株主と債権者ということになります。それ以外の利害関係者は，株主や債権者に向けて提供された情報によって意思決定をすることになります。

　それ以外の利害関係者を非常に広くとらえると，経営者，従業員，取引先は言うに及ばず，証券アナリストやエコノミスト，研究者や学生その他の一般大衆まで財務情報利用者としてとらえることができますので，彼等も広い意味で利害関係者だということができます。

1−5 ●利害関係者一覧表

利害関係者	会計情報の利用用途
株　　主	株式の保有または売却の判断，配当金の有無
社 債 権 者	会社の発行する社債を購入するべきか否か
金 融 機 関	会社に貸付を行うべきか否か
取 引 先	会社に商品を販売するべきか否か
従 業 員	給料や年金が適正に支払われるか否か
学　　生	会社の将来性（収益性・安全性・成長性等）はどうか
課 税 当 局	課税所得が適正に計算されているか

　最後に，この情報は，どのような形で提供されるのでしょうか？　それは，「財務諸表」という，いわゆる企業の成績表として提供されます。財務諸表というように，複数の表から構成されていますが，その中心は「損益計算書」と「貸借対照表」という二表です。他にもありますが，まずは，この2つを

覚えておきましょう。

　さて，損益計算書は，「収益」と「費用」が記載され，その差額として「損益（利益または損失）」が表示されます。貸借対照表は，「資産」，「負債」および「純資産」が表示されます。これも覚えておいて下さい。

1—6 ●財務諸表と構成要素

財務諸表 { 損益計算書——収益・費用・損益
　　　　　 貸借対照表——資産・負債・純資産

2　作戦タイム ……………………………………………

鈴木先生　ここまでのところで，何か質問はあるかな？

イチロー　はい，3つあります。1つめは，財務諸表はいつ作成するのですか？　2つめは，2つの財務諸表はどのような様式をしているのでしょうか？　3つめは，従業員とか経営者といった企業の内部で働いている人たちにも，企業の外部にいる人たちと同じ情報が提供されるのでしょうか？　お願いします。

鈴木先生　いや〜，忘れていた。特に，3つめのは良い質問です。

イチロー　仕事で会社を廻っていると，貸付審査をするときに経営者が用いている企業内部の情報を出してもらって判断するものですから，どういうものかなと思ったのです。

鈴木先生　そうか。では順に説明していこう。

　まず第一に，現在の企業は，一度走り出すと止まることなく走り続ける「継続企業」という企業形態を前提としているので，そのままだと利害関係者に財務諸表を示す機会がありません。そこで，無理やり（「人為的に」といいます）期間を区切って，その期間の最後に財務諸表を作成することになります。その期間のことを「会計期間」といい，通常は1年です。また，会計期間の始

まりを「期首」といい，その期間の最後のことを「期末」とか「決算日」といいます。そして，期首と期末の中間を「期中」といいます。

　このように，企業の存続期間を人為的に1年で区切って企業の業績を報告することになるので，期末にはいくつかの修正作業が必要になります。でないと，1年間にどれだけ儲けが出たのか，または損が出たのかわからなくなり，利害関係者の意思決定を間違った方向に導いてしまう可能性があります。

1−7 ●会計期間の説明

　第二の質問ですが，どちらの財務諸表にも2つの様式があります。「報告式」といわれるものと「勘 定 式(かんじょうしき)」といわれるものです。以下に示すものは，「勘定式」に従ったものです。基本的に，左右に分かれて同額で表示されますが，どちら側に何が配置されるか決まっているので，これは覚えるしかありません。あまり悩まないで，まずは覚えるのが「はじめの一歩」になります。

1−8 ●勘定式による財務諸表

　第三の質問ですが，特に企業内部にいて頻繁に意思決定をしなければいけない人，いわゆる経営者を含む経営陣に対して1年に一度の情報提供では，まったくもって役に立ちません。ビジネスチャンスを逃すだけでなく，適切な時期に適切な判断ができなくなります。そのため，彼らには，必要なときに必要な情報が提供されなければなりません。つまり，外部にいる他の利害関係者とは異なる形での情報提供がなされているということになります。

具体的には，1年に一度ではなく，月に一度とか毎週提供されます。それも，貨幣額で表される財務情報に限定されることなく，重さや数量，さらにはコトバで説明される非財務情報も積極的に提供され，これらをもとに適切な意思決定をすることになります。これは，企業内部で用いられる情報ですから，外部に出ることはありません。ただ，従業員は企業内部の利害関係者ではなく，企業外部の利害関係者として位置づけられています。彼らは，経営への意思決定に参加することがないからです。

そこで，このような企業外部の利害関係者へ情報提供する会計を「財務会計」または「外部報告会計」といい，企業内部の利害関係者へ情報提供する会計を「管理会計」または「内部報告会計」といいます。ここでは「財務会計」を中心に話を進めることにして，「管理会計」は第8章で説明することにしましょう。

1-9 ● 会計の分類

会計 ┤ 財務会計 —— 外部報告会計
　　　└ 管理会計 —— 内部報告会計

3　会計の役割

では，会計は，なぜ行われるのでしょうか？　改めて，深く考えてみましょう。それは，資金を提供してくれた人たちに，「提供してくれた資金は，有効に利用させていただいていますよ。その結果，これだけの儲けがありましたよ」ということを知らせるためです。そのためには，1会計期間にどれだけの儲けがあって，どれだけの財産が増えたのかまたは減ったのかを明らかにする必要があります。

現代の企業は，資金の提供をして企業を所有する側の人とその資金提供を受けて経営する側の人が別々になっています。これを「所有と経営の分離」といいます。これは，資金の提供者がその運用をプロの経営者に任せ（委託といいます），任せられた（受託といいます）人はその管理運用責任を負うことを意

味しています。この責任のことを「受託責任（じゅたくせきにん）」といい，その責任を果たすために財務諸表を用いることになります。accounting（会計）の語源は，account for といわれ，これは「説明する」という意味です。近年，アカウンタビリティー（accountability）というコトバをよく新聞紙上で見かけますが，これは accounting と responsibility（責任）を併せたコトバで，「会計責任」とか「説明責任」と訳されています。それは，会計の本質を表しているのです。ただ，最初は経営者が株主に説明していたのですが，それが利害関係者全般に広がってきています。そこには，企業には社会的責任を果たすという目的があると考えられています。

　これまでのことから，財務諸表は，外部の利害関係者の意思決定のための資料として，企業が公表することを法律によって義務づけられた「会計情報」といえます。つまり，企業から外部の利害関係者に発せられた企業内容に関するメッセージともいえますので，この点を強調して会計は「ビジネスの言語」とも言われています。「言語」ですから，一方通行ではなく双方通行のコミュニケーションの手段として用いられることになります。これは，各利害関係者が持っている興味の対象に対して，会計情報を用いて行った意思決定を通して，企業側にメッセージを送ることになります。さらに，情報を発信する企業側は，自己の発信した会計情報が利害関係者に及ぼす影響を考えて自分の行動を検討する材料にしたりします。これは，「フィードバック効果」とも言われています。

1―10 ● 企業と利害関係者

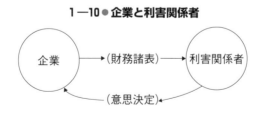

　さて，会計情報として提供される財務諸表は，「記録と慣習と判断の総合的表現」とも説明されることがありますが，計算プロセスに見積り要素がたくさん入りこんでいる点が限界とも言われています。

　このような財務諸表は，基本財務諸表と補助財務諸表に大別できますが，基

本財務諸表の中心は損益計算書と貸借対照表です。損益計算書は，英語では Profit and Loss Statement といわれ，略して P/L と表記します。読み方は「ピーエル」です。この損益計算書は，その会計期間に生じたすべての収益と費用を記載して，その差額として損益を表示することで「経営成績」を表すことができます。また貸借対照表は，英語では Balance Sheet といわれ，略して B/S と表記します。読み方は「ビーエス」です。この貸借対照表は，期末時点の資産，負債および純資産を記載することで，「財政状態」を表すことができます。ここに，両者の違いがあります。つまり，損益計算書は，1日だけの収益と費用を記載するのではなく1会計期間の結果を表していますが，貸借対照表は決算日時点の資産・負債・純資産の状態を表しているという点です。少し難しくいうと，前者は一定期間のフローの計算，後者は一時点のストックの計算といえます。また，これらの総称としての財務諸表は，英語では Financial Statements といわれ，F/S と表記します。これらの略記を覚えておくとよいでしょう。

1—11● 財務諸表と本質

財務諸表(F/S) $\begin{cases} 損益計算書(P/L) —— 経営成績 \\ 貸借対照表(B/S) —— 財政状態 \end{cases}$

4　会計学の範囲

「会計学」と言った場合，2通りの解釈がされることがあります。狭く解釈した場合，会計学＝財務会計というものです。広く解釈すると，会計学の中には，財務会計だけでなく，商業簿記，工業簿記，管理会計，原価計算，会計監査，税務会計，財務諸表分析まで含むことになります。この授業では，後者の意味で「会計学」を用いています。ですから，この1冊をマスターすることで，会計学全般を広く学ぶことができるというわけですね。

1—12 ● 会計学の全体像

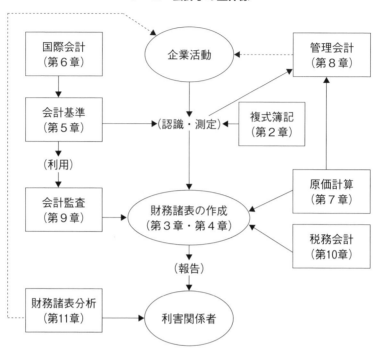

 クールダウン

✉ イチロー君からの質問メール

鈴木先生へ

イチローです。今回の授業の中で，財務諸表には，貸借対照表と損益計算書がある
ということはわかりました。財務諸表にはそれ以外のものがあるというお話しでし
たが，それについて教えていただけませんか？

✉ 鈴木先生からの返事メール

イチロー君へ

各企業は，会計期間が終了すると財務諸表を作成しなければならないことはわかりましたね。その際に作成しなければならない財務諸表については，実は会計と関連する法律（会社法，金融商品取引法，税法）で定められています。詳細については「第5章　会計を取り巻くルール」に譲るとして，まず最初に，財務諸表の種類について話をしておきましょう。

財務諸表の種類としては，「個別財務諸表」と「連結財務諸表」というのがあります。これらの内容は，次頁の「コラム」で確認して下さい。なお，この授業では，断りがない限り個別財務諸表を前提に話をしていきます。

次に，この個別財務諸表にどのようなものが含まれるのかを説明しておきましょう。すでに，貸借対照表と損益計算書については学んだわけですが，それ以外にも，「株主資本等変動計算書」と「キャッシュ・フロー計算書」が基本財務諸表に含まれています。

「株主資本等変動計算書」は，貸借対照表の純資産の部に記載される株主資本の各項目の変動事由を説明するために作成される財務諸表です。また，「キャッシュ・フロー計算書」は，一定期間における資金（キャッシュ）の流れを活動区分別に表示した財務諸表です。

鈴木

～コラム⚾あと一球～

個別財務諸表と連結財務諸表のちがいは？

企業は，営業年度の業績を表すために成績表を作成します。その成績表のことを財務諸表と言いますが，単に財務諸表という場合は「個別財務諸表」を示しています。これは，個々の企業の成績表ということになります。これに対して，親会社の財務諸表に支配従属関係にある子会社の財務諸表を合算して作成したものを「連結財務諸表」といいます。つまり，企業集団を1つの組織体とみなして作成された成績表ということになります。

近年，企業活動の国際化と多角化を背景に，連結財務諸表の重要性は高まっています。具体的には，個別財務諸表では，投資家が企業のリスクとリターンを適切に判断できない点や，経営管理の観点からも資源の適切な配分ができているか否か，判断できない可能性があります。

そこで，上場企業では，金融商品取引法によって連結財務諸表の作成が義務づけられています。このことから，作成企業の負担を軽減するために，上場企業が作成する個別財務諸表は，簡素化されてきています。

第2章

会計を支える技法

 ウォーミングアップ ··

イチロー　おはようございます。

鈴木先生　おはよう。前回の話は，理解できたかな？

イチロー　ええ，なんとかわかりました。

鈴木先生　じゃあ，今日は，会計を支える技法について説明しよう。野球でも，練習もせずに最初からすぐに試合をするような無茶なことはしないだろう。まずは，キャッチボールや素振りから始めて，ゴロやフライの捕球などの反復練習を毎日みっちりすることで基本的な技術が身についてからチームで連携プレーの練習をして，最終的に試合に臨むだけのレベルに達したときにようやく相手とあいまみえるだろう。また，試合を行うときも，必ずウォーミングアップを行って体を慣らしてから臨むね。そうそう，この本の各章にある「ウォーミングアップ」も，同じような意味がこめられているんだよ。

　会計でも，それと同じように基本的な技法を理解しておくことで，より複雑な取引の処理をするときに役立つのだ。ここでいう基本的な技法とは，いわゆる「簿記」のことだ。覚えることもたくさんあり，少し機械的なので面白みに欠けるけれども，財務諸表を作成するための技法として重要だ。練習問題をたくさん解くことで体に覚えこ

ませるのが近道だよ。つまり，野球でも「練習は嘘をつかない」というように，コツコツと続けた人が正選手になる可能性を拡大していくことになるだろう。同じことを愚直に繰り返し行って，基礎的な技術を身につけておくことが重要なんだね。走者を進塁させるために，代打でバントさせるケースがあるだろう。彼らも，やっぱり一球でバントをうまく決めるために，何回も何回も練習を繰り返すみたいだよ。いとも簡単に決める技の裏には，人には見せない努力があるってことだね。

ヤクルトや阪神，楽天で監督をした野村克也さんは，南海ホークス入団当時は練習生扱いだったそうだし，かのイチロー選手もオリックスでは１軍の選手になるまで相当時間がかかっていたようだ。どの選手でも，監督に存在を認めてもらって，代走や守備固めで出場機会を得て，次は代打などでその努力を成果に結びつけて，最後に正選手になるという競争を勝ち抜くんだよね。最初から，正選手になるのは，ホンの一握りのエリートってことだね。

会計の場合だと，コツコツと練習問題を解くことで培ったものは，日本商工会議所が主催している簿記検定を受験することで，その成果を証明することができるよ。年間３回の受験チャンスがあるから，まずは３級レベルの基礎から勉強を始めて一歩ずつ階段を上るように努力していくのがいいだろうね。大リーグでは，ルーキーリーグから１Ａ，２Ａ，３Ａ，そして大リーグへと階段を上るように，だんだんと高いレベルの技術が要求されてくるんだ。簿記の世界でも，日商簿記検定の３級から２級へ，さらには１級へチャレンジしてみるのがいいね。段々と守備範囲が広がるだけでなく，高度な技法も要求されるようになる。その先には，会計のプロになるための税理士試験や公認会計士試験があるから，それを目標にするのもいいかもしれない。

税理士や公認会計士は一度なったら仕事を辞めるまでプロでいられるけど，野球選手は，力の衰えとともに若い選手にとって代わられたり解雇もあるから，同じプロでも厳しい世界だね。では，３級レベルからチャレンジしていこう！

1 簿記とは？

簿記（bookkeeping）と言った場合，いろいろな解釈がありますが，一般には「帳簿記入」の略称だといわれています。ここでいう帳簿とは何をさすのでしょう。帳簿には，会社が必ず備えなければならない「主要簿」と任意で備えればよい「補助簿」があります。主要簿は，「仕訳帳」と「総勘定元帳（元帳とも略されます）」の2つです。

2─1 ● 帳簿の種類

帳簿 { 主要簿 ── 仕訳帳，総勘定元帳
補助簿 ── 現金出納帳，仕入帳，売上帳，商品有高帳等

したがって，簿記とは，これらの帳簿に，どのように記入するかを説明する手続きだということになります。そして，最終的に作成する財務諸表の完成までが，簿記一巡の手続きとされています。具体的には，①簿記上の取引の認識，②仕訳帳への記入，③総勘定元帳への転記，④試算表の作成，⑤決算整理，⑥帳簿の締切り，⑦財務諸表の作成の順番で進めていきます。

2─2 ● 簿記一巡の手続き

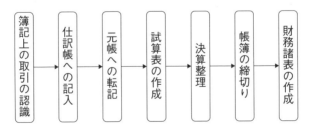

2 簿記上の取引の認識

では，何を帳簿に記入すればよいのでしょうか？ 結論から言うと，「**簿記上の取引**」を記入対象とするということになります。「簿記上の」取引というように，わざわざ断わっていますから，通常の「取引」とはどこか違うところ

があるのです。例えば，サークルのコンパ会場を事前に電話で予約したような場合，通常では取引として認識されます。しかし，簿記上では取引になりません。また，お店の鍵を閉め忘れて商品を盗まれてしまったというようなケースは，通常では「取引」になりませんが，簿記上では取引になります。盗まれちゃったのに取引というのは少し違和感がありますが，両者の間には，どのような違いがあるのでしょうか。それは，簿記の構成要素に変動があるかないかという点に尽きます。

　では，簿記の構成要素とは何でしょう。財務諸表を構成している要素と言ってもいいでしょう。すでに学んだように，貸借対照表に記載される資産・負債・純資産と，損益計算書に記載される費用・収益の5項目がそれに該当します。つまり，盗難にあった場合，商品（資産）が減っています。そのため，「資産の減少」が生じていると同時に，その分，お店は損をしていますので，これが「費用の発生」となります。同じように，火事で所有するビルが焼失した場合も，「簿記上の取引」なんです。何が減って何が発生したのか，考えてみてください。

2―3 ●簿記上の取引

①	通常の取引	
	簿記上の取引	②

① 土地を借りる契約，電話による注文等
② 火災または盗難による損失等

3　仕訳のための準備

　実際に発生した簿記上の取引を，分解して処理する方法を「仕訳」といいます。現在の簿記は，1つの取引を「原因」と「結果」の両面から見て処理をするので「複式簿記」と言われています。例えば，第1章ででてきた「スタジアムで応援グッズ3,500円を購入し，現金で支払った」という取引は，簿記上の取引ですから処理の対象となります。応援グッズ（資産）が増加しましたが，同時に同じ金額の現金（資産）が減少したからです。また，先に出てきた「火事で所有するビルが焼失した」というのは，建物（資産）の減少と同時に，同

じ金額が火災損失（費用）として発生することになります。

　では，これをどのように記入すればよいのでしょうか？　そのためには，仕訳のルールを理解する必要があります。仕訳を行う場合，最終的な財務諸表の作成と結びついているので，簿記の構成要素がどちら側（右側か左側）にでてくるかを，最初に覚えておきましょう。

4　作戦タイム ……………………………………………

イチロー　先生，スミマセン。前回もでてきましたが，右側とか左側ってどういうことですか？

鈴木先生　損益計算書も貸借対照表も，様式として「勘定式」というのがありましたね（⚜1—8参照）。勘定式とは，帳面を開いたときの形を思い浮かべてもらえばいいのですが，真ん中から右側と左側に分かれています。簿記では，左側の記入場所のことを「借方」，右側の記入場所のことを「貸方」と呼んでいます。これは，機械的に覚えてください。それを基礎として，損益計算書は，借方に「費用」を，貸方に「収益」を記載します。貸借対照表は，借方に「資産」を，貸方に「負債」と「純資産」を記載します。つまり，費用と収益については，発生（増加）した場合はその側（費用の場合は借方，収益の場合は貸方）に，消滅（減少）した場合はその反対側に記載するということになります。また，資産・負債・純資産は，残っている側を示しています。例えば，現金は資産ですが，現金が増加した場合（現金の受取り）は借方に記入し，現金が減少した場合（現金の支払い）は貸方に記入します。両者の差額が「残高」になりますが，当然，残っている側に記入されます。現金の場合は，それが借方になりますね。

　　複式簿記において1つの取引を二面的に処理するというのは，借方項目と貸方項目に分けて認識するということです。では，どのような結びつきがあるのかを確認しておきましょう。

2-4 ●取引の8要素の結合関係

借方　　　　　　　　　　　　　　　貸方

資 産 の 増 加　　　　　　　　　　資 産 の 減 少
負 債 の 減 少　　　　　　　　　　負 債 の 増 加
純 資 産 の 減 少　　　　　　　　　純 資 産 の 増 加
費 用 の 発 生　　　　　　　　　　収 益 の 発 生

5　仕訳帳への記入

　企業では，毎日毎日，たくさんの取引が発生します。それを仕訳帳に記入していくことになります。必ず，取引の発生した順に，借方の勘定科目・金額，貸方の勘定科目・金額の順番で記入していきます。

　　　（勘 定 科 目）　×××　　（勘 定 科 目）　×××

　では，そこに行きつくまでどのように考えればいいかを，「応援グッズ3,500円を購入し現金で支払った」という取引で説明してみましょう。その際，次の3段階で考えるといいでしょう。

①　8要素への分解

　　最初に，先に勉強した「取引の8要素の結合関係」に分解をします。今回の取引は，「応援グッズの購入」による資産の増加（借方）と「現金の支払い」による資産の減少（貸方）という結合関係に分解できます。

　　　（資 産 の 増 加）　×××　　（資 産 の 減 少）　×××

②　勘定科目への置き換え

　　増加・減少したり発生したりした各要素を，それを表す勘定科目に変身させます。借方の増加した資産は「応援グッズ」に，貸方の減少した資産は「現金」になります。

　　　（応 援 グ ッ ズ）　×××　　（現　　　　金）　×××

③　金額の確定

　　借方の応援グッズも貸方の現金も，それぞれ金額は3,500円で同じです。

　　　借 方 の 金 額　　3,500　　貸 方 の 金 額　　3,500

　これらの段階を経て，仕訳は次のようになります。

| （応 援 グ ッ ズ）　　3,500　　（現　　　　金）　　3,500 |

　このように1つの仕訳で借方の金額と貸方の金額は等しいわけですから，それがいくつ積み重なっても，借方の合計金額と貸方の合計金額は等しいということになります。つまり，借方の合計金額と貸方の合計金額は，必ず一致するということになります。これを，「**貸借平均の原理**」と呼んでいます。これは，非常に重要なので忘れないようにしてください。

6　総勘定元帳への転記

　仕訳帳に記入された仕訳は，次のステップで総勘定元帳に転記されます。ここには，仕訳で用いられたすべての勘定科目の口座（勘定口座）が設置されています。そのため，総勘定元帳といわれるのですが，略して「元帳」とも言われています。仕訳された取引を，各勘定口座へ書き移す作業のことを転記といいます。これは，仕訳帳の借方に記入された勘定科目と金額を，元帳にある同じ勘定口座の借方に，相手勘定科目と金額を記入する作業です。例えば，先に示した仕訳の場合，応援グッズ勘定の借方に，現金が3,500と記入するということです。このように，すべての仕訳について転記を行います。

　その結果，各勘定口座には，別々に仕訳された同じ勘定科目が集められることになり，貸借差額で，現在の残高を示すことができるようになります。

2－5 ●転記のルール

7 試算表の作成

　元帳へ転記された各勘定口座の金額は，次のステップで「**試算表**」に集計されることになります。これは，元帳への転記が，正確に行われたかをチェックするためのものです。そのため，試算表では，借方に資産と費用の各項目が，貸方に負債，純資産および収益の各項目が記載されます。この試算表には，各勘定口座の借方合計金額と貸方合計金額を記入する「合計試算表」，各勘定口座の貸借差額のみを記入する「残高試算表」および両者を兼ね備えた「合計残高試算表」があります。もし，この試算表作成の段階で貸借平均の原理が成立していなければ，どこかにミスがあることを教えてくれることになります。このようなシステムを，複式簿記の自己検証機能といいます。ただ，いつも必ずミスが発見されるわけではありません。どういう場合に，ミスが検知されないか，考えてみるのもいいでしょう。

2－6 ●残高試算表

借　　方	勘定科目	貸　　方
××××	資産	
	負債	×××
	純資産	××××
	収益	×××
×××	費用	
××××		××××

8　決算整理

　さて，次が最大のヤマ場の決算整理です。会計期間を人為的に区切る関係上，どうしても期末に何らかの手続きをしなければ，当期の利益を適切に計算できないことになる項目がでてきます。例えば，「4月1日に，1年間の保険料12,000円を現金で支払った。なお，会計期間は1月1日から12月31日までとする」といった取引があった場合，4月1日には，次のような仕訳が行われます。

2 ― 7 ● 支払保険料の計算

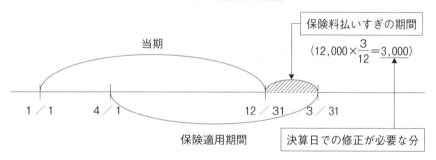

　保険の適用期間は3月31日までですが，当期は12月31日までですから，翌年の1月1日から3月31日までの3カ月分の保険料を払いすぎていることになります。この分の調整をしなければ，支払保険料（費用）が過大に計上されることになり，その分の利益を少なく表示することになってしまいます。

　ということは，期末に，支払保険料という費用の減少と次期の3カ月にわたって保険適用を受ける権利を資産に計上するという調整手続きが必要となります。この場合，決算整理のために，次のような仕訳がなされます。

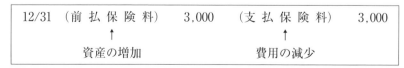

決算整理を行う項目には，期末に商品の売れ残りが出た場合（繰越商品），保有している有価証券の評価額に変動が生じた場合（有価証券評価損）等々，処理する項目がたくさんあります。これらの修正手続きを行うことで，当期の期間損益を適正に算定することができることになるのです。

9　帳簿の締切り

　上記で説明した決算整理のための仕訳も仕訳帳に記入されるので，転記作業を経て，最終的に各勘定口座の締切り手続きが行われることになります。そのための手順は，次のようになります。

① 　収益と費用に関しては，各勘定の貸借差額を「損益勘定」に集める。
② 　損益勘定の貸借差額を純資産勘定に振り替える。
③ 　資産・負債・純資産に関しては，各勘定口座の借方と貸方の金額を比べ，足りない側に足りない金額を追加して，貸借平均の原理を成立させる。その場合，足りない側に「次期繰越」と記入する。
④ 　すべての勘定口座を締め切る。

2 — 8 ● 締切り手続きの流れ

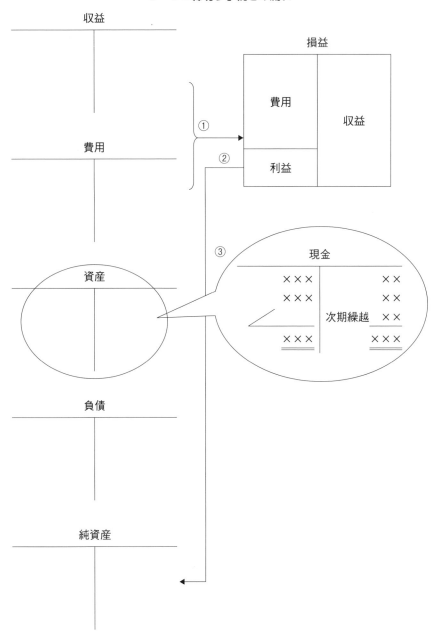

10 財務諸表の作成

　締切り作業を終えた各勘定口座に基づいて，いよいよ損益計算書と貸借対照表を作成することになります。すでに説明したように，それぞれ報告式と勘定式があります。

　損益計算書の場合，一般的に報告式が用いられます。報告式は，性格別に収益とそれに対応する費用を順番に記載し，その差額としての当期純利益を計算するものです（第3章で説明します）。

　貸借対照表の場合，一般的に勘定式が用いられます。勘定式は，借方に資産，貸方に負債と純資産を記載し，貸借平均の原理を成立させます（第4章で説明します）。

　これら2つの財務諸表は，どちらからも当期純利益の計算が可能です。損益計算書で当期純利益を計算する方法を，「損益法」といいます。この方法は，利益の発生原因を明らかにできますが，資産と負債がどれだけ増減して利益を得たのかを明らかにはできません。

$$総収益 - 総費用 = 純利益$$

　また，貸借対照表で当期純利益を計算する方法を，「財産法」といいます。財産法では，期首の純資産額と期末の純資産額を比較して，増加している場合には，その分が当期純利益として計算されます。この方法は，資産または負債がどれだけ増減して利益を得たのかを明らかにできますが，その発生原因を明らかにできません。

$$期末純資産 - 期首純資産 = 純利益$$

　ここからわかるように，両者は，お互いの欠点を補いあう相互補完的な関係にあるといえます。

クールダウン

✉ イチロー君からの質問メール

鈴木先生へ

イチローです。

日商簿記検定ではよく出題される「精算表」というのがあると聞いています。簿記
一巡の手続きの説明ではでてきませんでしたが，どのようなものなのでしょうか？

✉ 鈴木先生からの返事メール

イチロー君へ

精算表とは，残高試算表から決算整理手続きを経由して，損益計算書と貸借対照表
を作成するまでの一連の流れを1つの表にまとめたもので，簿記一巡の手続きの外
側で行われる作業なのです。それぞれの記入欄に借方と貸方の金額記入欄があるの
で，8欄精算表とか8桁精算表と呼ばれています。

「添付ファイル」でその様式を示しておきましたが，修正記入欄に決算整理で行われ
た仕訳の金額を記入するという特徴があります。そして，残高試算表欄の金額に修
正記入されたものが記入されていれば，その金額を加減して，資産・負債・純資産
の項目は貸借対照表欄へ，収益・費用の項目は損益計算書欄へ金額を記入します。
最後に，損益計算書と貸借対照表の借方および貸方の合計金額を計算し，貸借差額
で当期純利益を計算し，貸借平均の原理が成り立つことを確認して締め切ることに
なります。この場合，損益計算書で計算された当期純利益と貸借対照表で計算され
た当期純利益が，同じ金額であることにも注意しましょう。

鈴木

［添付ファイル］

	精算表							
勘定科目	残高試算表		修正記入		損益計算書		貸借対照表	
	借方	貸方	借方	貸方	借方	貸方	借方	貸方

〜コラム⚾あと一球〜

簿記を学ぶ意義を考えてみよう！

会計学を学ぶことは，外国語を学ぶことと同じようなものですが，会計を知らなければ社会人として一人前と言えないかもしれません。逆に，財務諸表が読めるようになれば企業の実態がわかり，うまく使えば個人財産を増やすことも可能になるかもしれません。

特に，そのためのリテラシーとしての簿記は「覚えることが多く，わからない」というのが学ぶ側の認識ですが，お金の流れで理解することをススメます。お金の流れが記載されるのは貸借対照表です。これは，誰かから借りてきた負債と自分で稼いできた純資産を右側に，これらのお金が形を変えたものを資産として左側に記入します。この貸借対照表を理解することができれば，順調なスタートになります。

ポイントは，総資産から総負債を除いた残りの部分の純資産です。この純資産の中に資本金が含まれていますが，資本金の額だけ金庫の中に現金があるわけじゃないので，間違えないようにしてください。

第3章

成績表の中身①：
損益計算書編

 ウォーミングアップ ·································

イチロー　おはようございます。今日も，よろしくお願いします。

鈴木先生　おはよう。今日から，会計の中でも財務会計に関係する問題を勉強
　　するので，別の先生に説明をしてもらうように頼んであるから，その先生の
　　研究室に行って，終わったらまた戻ってきてよ。研究室は隣で，吉田先生だ
　　よ。

イチロー　わかりました。

コンコン（吉田先生の研究室の扉をノックする音）

吉田先生　どうぞ。

イチロー　鈴木先生から先生を訪ねるように言われてきました，鈴木イチロー
　　です。よろしくお願いします。

吉田先生　鈴木先生からの紹介の鈴木君か，
　　何か混乱しちゃいそうだな～。僕は，吉田
　　です。フランス映画とフランス・ワインが
　　好きなので，「ムッシュ吉田」なんて呼ば
　　れて喜んでます。フランスは，それほど野
　　球が盛んじゃないんだけど，僕は大リーグ
　　に詳しいんだよ。それはさておき，財務会
　　計は結構守備範囲が広いから何回かは僕が

監督とコーチの兼任かな。

　今日は，会社の成績について話をしようと思うんだ。プロ野球選手でも，朝起きるとスポーツ新聞を見て，自分の打率とか防御率とかをチェックするんじゃないかな。それは，自分の成績が気になるからだよね。よければ，内心ウハウハするし，前日よりも下がっちゃえば，「今日はガンバルぞ！」ってなるかな。ライバルの選手がどうだったかも気になるかもしれないね。会社でいえば，営業マンが自分の販売業績が何番だとか，月間の売上目標にあとどれだけで達成するとかを見るのと同じだね。イチロー君の信用金庫でも同じようなことあるだろ？

イチロー　ハイ，あります。やっぱり，同期入社はライバルですから，彼らの中で営業成績が一番になるために，ヤル気がでます。あいつには負けたくないってのもいますから。

吉田先生　それが，普通だよ。ただ，野球の場合もそうだけど，昨日ヒット3本打ったからって，それだけで喜んでちゃダメだよね。1年間を通して，コンスタントに成績を残すことが大事なんだよね。日々の成果の積み重ねが，1年の成果になるんだよ。つまり，チームも同じで，今日の勝った負けたも大事なんだけど，最終的には1年間で相手チームよりも1つでも多く勝って負けを少なくして，優勝することが最終目標なんだよね。それは，会社でも同じで，収益を多く稼いで費用をできるだけ少なくして，会計期間の終わりに，どれだけの成績を残せたかが重要になってくるんだよ。その成績を表すのが，損益計算書っていう財務表なんだ。じゃあ，今日は，それについて説明することにしよう。

···

1　損益計算書の仕組み

　多分，いままで「財務諸表」って学んできたんだと思うけど，実はこの表現は複数の財務表を示すコトバなんだ。だから，1つだけを表すときには「財務表」ってことになる。でも，普通は財務諸表って言ってることが多い。で，今日の対象は**「損益計算書」**だ。これは，簡単に言っちゃうと，「会社はどのよ

うに儲けましたか？　それとも何が理由で損しましたか？」っていう情報を表すものなんだよ。でも，この儲かったとか損したとかいうのは，一体，いつの話として考えればいいんだろうか。

・・・

イチロー　最初の話と結びつけて考えると，1年間の成績としてみることが必要なんじゃないんでしょうか。

吉田先生　そのとおり！　1年間の経営の結果として，儲かったとか損したが表されるんだよ。そのことを，「**経営成績**」って言うんだよ。つまり，損益計算書は1年間の経営成績を表す財務表ということになるね。

・・・

　この損益計算書，どのようにして経営成績を表すんだろうか，というのが次の問題になる。「第2章　会計を支える技法」で，損益計算書は報告式が一般的だと聞いたと思うけど，ここでは勘定式をイメージしてもらうのがいいかな。左側（借方）には費用を，右側（貸方）には収益を表示する方式だね。

　その結果，収益と費用の差額で利益または損失が計算され，それを表す成績表ということになる。まあ，儲かっている企業のほうがいいから，収益が費用より金額が多いと考えてみよう。これは，収益−費用＝利益という等式で表すことができたね。勘定式の場合，少ないほうに差額を記入することで，「貸借平均の原理」を成り立たせることができることもすでに学んだよね。

3―1 ●貸借平均の原理

吉田先生　では，この収益と費用，やみくもに集めて記載すればいいのかというと，そういうわけにはいかないんだ。収益や費用も，どのような取引から発生してきたのかによって，性格別に集めて記載するんだ。最終的に儲かった場合の利益は「当期純利益」という形で表示されるんだけど，そこへ行くまでにいくつもの利益が表示されるんだ。じゃあ，企業の中で，一番大きな収益を表すものは何だと思う？

イチロー　え～っと，野球で考えてみるとちょっとわかりづらいので，父の会社でイメージしてみます。そうすると，多分，製品の売上が一番大きい金額になると思います。

吉田先生　そうだね。これを「売上高」といい，損益計算書の一番最初に示されるんだよ。これは，企業がメインの営業活動で稼いだ金額を中心としていて，かつ一番大きな金額を表しているのが一般的なんだよ。損益計算書の特徴は，その収益をゲットするためにかかった費用を対応させて表示する点にあるんだ。これを，「費用収益対応の原則」と言ったりするんだけど，そう考えると，売上高に対応する費用は何だと思う？

イチロー　多分，製品を作るためにかかった費用になると思います。

吉田先生　正解！　それのことを会計では「製造原価」って言うんだけど，ここではイチロー君の実家のような製造業ではなく，コンビニのような商業で考えてみよう。その場合，売った商品（売上高）をいくらで仕入れてきたかが対応する費用になるんだよ。次頁の3―2の仕入勘定の借方にある「期首商品棚卸高」は前期末に売れ残ったものを，同じく貸方にある「期末商品棚卸高」は当期末に売れ残ったものを表しているんだ。つまり，売上という収益に対応する費用は，仕入勘定の借方合計から期末の売れ残りを控除した部分で，当期に売れた商品の原価を示す「売上原価」ということになるんだ。

この「売上原価」は，少し難しいが，次の等式で表すことができる。

売上原価＝期首商品棚卸高＋当期商品仕入高－期末商品棚卸高

そこで，売上高から売上原価を差し引いてでてきた利益を「売上総利益」と

いうんだ。この利益は，実務では「粗利^{あらり}」と言われることがあるよ。

売上高－売上原価＝売上総利益……①

これが，損益計算書で最初にでてくる利益だね。

3－2 ●売上高と売上原価の関係

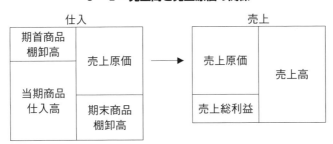

　会社の場合，モノを売ろうとすると，当然，従業員を雇って営業活動をしてもらったり，商品在庫を置いておく倉庫を借りたり，販売するための諸々の費用がかかることになる。これらをまとめて，「販売費及び一般管理費」って言うんだけど，短く「販管費^{はんかんひ}」って言うときもある。つまり，これは通常の営業活動をするときに必ず発生する費用としてとらえられる項目ということだね。そして，この費用を売上総利益から引くことで，「営業利益」という2番目の利益が計算されることになる。

売上総利益－販売費及び一般管理費＝営業利益……②

　この**営業利益**は，企業の通常の営業活動から生じるものだから，企業の成績を判断するときに，重要視される利益なんだ。当然，昨年と比べてどう変化したか，必ずチェックされる金額だよ。
　この利益のあとには，営業外収益と営業外費用という収益と費用が対応表示されることになる。これらは，今説明した収益費用と同じように毎期毎期発生するんだけれども，通常の営業活動とは別のところから発生する性格のものなんだ。例えば，お金を貸しているときに受け取る「受取利息」やお金を借りているときに支払う「支払利息」なんかが，それに該当するんだ。そのために，

営業活動とは異なる活動から生じるものとして表示することが求められている
んだ。それらの収益と費用を加減した結果として示される利益が,「経常利益」
といわれる。

営業利益＋営業外収益－営業外費用＝経常利益……③

　「**経常利益**」の「経常」は,知らない人が聞くと,「計上」とか「形状」と
かイメージすることがあるので,実務では「ケイツネ」と呼ばれることがある
ので覚えておくといいよ。この経常利益も,営業利益と同様に企業の業績を判
断するときの重要な金額になっているんだ。

・・

吉田先生　この経常利益の後には,毎期の営業活動とはまったく関係のないと
　ころから生じる,その年度だけに発生する収益や費用が追加表示されるんだ
　よ。それは,特別利益と特別損失というんだ。例えば,保有している土地を
　売却して土地売却益を得たとか,火災が発生して火災損失が発生しちゃった
　とかだね。火災が毎期毎期あっても困るよね。だから,当期だけの特別項目
　になるわけさ。さて,じゃあ,この特別利益と特別損失を使って次の利益を
　表すための式は,どうなるだろうね?

イチロー　え〜っと,「経常利益＋特別利益－特別損失」です。

吉田先生　そうだね。その結果,算出される利益は,「税引前当期純利益」な
　んだ。

経常利益＋特別利益－特別損失＝税引前当期純利益……④

イチロー　え〜?　当期純利益じゃないんですか?

吉田先生　そうなんだよ。当期純利益を計算するためには,企業が獲得した利
　益から国や地方自治体に納める税金を差し引くことになるんだ。その税金が,
　法人税や事業税と呼ばれるものだ。

税引前当期純利益－法人税,住民税及び事業税＝当期純利益……⑤

これで,ようやく最終的に企業が儲かったか損したかを明らかにすることが

できるんだ。ただ，気をつけないといけないことがあって，「当期純利益」がでているからといって，必ずしも優良企業だとか将来の成長性が見込める企業だとか，単純に判断しないことが大事なんだ。なぜなら，例えば，経常利益でなく経常損失が表示されているにもかかわらず，含み益のある有価証券や土地を売却して特別利益を計上し，最終的に当期純利益になっているケースがあるかもしれない。これって，通常の営業活動では儲かっていないわけだから，当期純利益がでているからといって，安心できないでしょう。

3−3 ● 損益計算書の様式（報告式）

P/L

自 20X1年 4 月 1 日　至 20X2年 3 月31日

Ⅰ	売上高	××××	
Ⅱ	売上原価	×××	
	売上総利益	×××	……①
Ⅲ	販売費及び一般管理費	××	
	営業利益	×××	……②
Ⅳ	営業外収益	××	
Ⅴ	営業外費用	××	
	経常利益	×××	……③
Ⅵ	特別利益	××	
Ⅶ	特別損失	××	
	税引前当期純利益	××	……④
	法人税，住民税及び事業税	××	
	当期純利益	××	……⑤

イチロー　先生，当期純利益だけをみて，企業全体を評価してはいけないことはわかりましたが，なんでこんなにいくつもの利益を計算するんですか？

吉田先生　いい質問だね。それを説明する前に，経営者がどんなことを考えているかを少し説明することにしよう。

2　経営者と粉飾

　財務諸表に表示される金額を決めることは，会計では「測定」といって重要な役割の1つだということは，すでに勉強したよね。この金額を的確に測定し

ないと，実は大きな問題に結びついてしまうんだ。それを，「粉飾」というんだけど，当然，やっちゃいけないことだよ。なぜって，外部の利害関係者は，企業から公表される財務諸表が意思決定する際の中心的な情報なわけだから，その情報が適正でないとなると，最初から間違った判断をしてしまうことになる。まあ，それを避けるために公認会計士っていうプロが，財務諸表をチェックするんだけどね。その内容は，「第9章　不正防止と会計」で勉強することになるから，ここでは経営者の立場から少し考えてみよう。

　日本の経営者の中には，長くその地位にとどまりたいと考えている人がいる。社会的な名声を得たいんだろうね。で，その地位に長くいるための最大のポイントは，継続して利益を出し続けることなんだ。利益がでると，株主は配当金が増え株価は上がり，会社規模は拡大し，従業員の給料は増え，まあ仕事は増えて忙しくなるかもしれないけど失業することはないだろうし，いいことずくめなんだ。そうすると，みんな満足して，「もっと，あの人にやってもらおう」とか，「あの経営者は，名経営者だ」とか言われるようになる。

　今も言ったように，利益が継続してでていることが重要なんだ。経営者からすると，利益を出すための経営戦略を考えるんだけど，失敗するとその地位を追われることになっちゃう。そこで，「粉飾」という方向に走る人がでてくるんだな〜。つまり，本来ないはずの利益をあるように見せて，いかにも「当社は，いい企業ですよ」って，利害関係者を欺くんだね。

　何年か前に日本でも，社長がいう「チャレンジ！」というのを忖度して，従業員が粉飾決算した結果バレちゃって，会社の屋台骨が傾いちゃった有名企業があるよ。つまり，財務諸表に表示される金額を決めることの重要性がわかったと思う。じゃあ，表示の方法も含め，どうやってその金額を決めるのかを次に説明しよう。

3　表示のきまり

　財務諸表は，利害関係者の意思決定に役立つような情報を提供するためのものだということは，最初に学んだと思うけれども，何種類もの利益が表示されるのもそれと関係しているんだよ。1つは，「**明瞭性の原則**」といって，利害

関係者にできるだけわかりやすく表示することが求められているんだ。そのために，同じような性格を持つ収益と費用を発生源泉別に対応表示させているんだよ。これは，先に説明したように，**「費用収益対応の原則」**だったよね。だから，そのための表示方法は区分表示ということになるね。これは，「営業損益計算区分」，「経常損益計算区分」そして「純損益計算区分」の3区分に分けられることになる。

　この区分の中でも，「1個1,000円で販売した商品の仕入原価は800円です」というように，商品1個の売価と原価が明確に対応している収益と費用もあれば，そうでないものもあるんだ。前者の対応を「個別的対応」と言うんだけど，このような対応のできない収益と費用，例えば営業外収益と営業外費用は，会計期間で対応させる「期間的対応」といわれるんだ。

3-4 ●区分表示と対応関係

```
営業損益計算区分 ──┤ 売上高と売上原価 ── 個別的対応
                  └ 売上高と販管費     ┐
経常損益計算区分 ── 営業外収益と営業外費用 ├ 期間的対応
純 損 益 計 算 区 分 ── 特別利益と特別損失    ┘
```

　また，同じ性格の収益と費用を相殺して，純額で表示することは禁止されている。例えば，受取利息100円と支払利息80円といった場合，純額表示だと，受取利息20円となって全体がわからない。これは，利害関係者が意思決定する場合に有用な情報にはほど遠い。だから，収益も費用も総額で表示しなければならないんだ。これを，「総額主義の原則」といって，やっぱり明瞭性を高めるための1つになっている。

・・・

イチロー　先生，損益計算書がどのように並んでいるのかはわかりましたが，実際に利益を計算するためには，収益と費用の金額がわからないと計算できないことになりますよね。

吉田先生　君も，なかなかやるね～。そのとおりなんだよ。じゃあ，その点を次に説明しよう。

・・・

4 金額の決め方

　利害関係者が当期純利益に興味を持って意思決定する場合，それを計算するためには，収益と費用の各項目の金額を決めなければならない。つまり，当期の収益と費用を決定する作業が重要になるんだ。この決め方次第で，利益額が大きくなったり小さくなったりしちゃうからなんだよ。これを，会計では認識・測定と呼んでいて，適正な期間損益を計算するため，つまり金額決定のためのルールに従わなければならないんだよ。でないと，どの企業も自分に都合のいい計算をしちゃうことになるからね。みんなが同じルールを使うから，企業どうしを比較して，どっちのほうがいいとか悪いとか言えるんだよね。

　さて，収益と費用の金額を決定する具体的なルールは，「**発生主義の原則**」というちょっとわかりにくい名前がついている。昔は，収益と費用を計上するときに，現金の出と入りを基本に考えていた時代があって，これを「現金主義の原則」と呼んでいたんだ。これは，現金が入ってきたときに収益として計上し，現金が出て行ったときに費用として計上するという考え方なんだ。でも，この現金主義に基づいて収益費用を測定すると，商品を信用販売（販売時に代金を受け取らず，あとで受け取る販売形態）した場合，現金を受け取るのが次の会計期間になってしまうと，当期は商品を販売しているのに売上がゼロなんてことになっちゃう。つまり，信用販売が一般的な販売形態として利用されるようになってからは，現金主義を収益費用の認識基準として考えることができなくなったってことだね。そこで登場したのが，発生主義の原則ってヤツだよ。

　発生主義は，現金の収支と関係なく，企業活動の努力と成果に結びつく経済活動の発生に基づいて，収益と費用を計上しようという考え方なんだ。今，我々が用いている会計は，この発生主義の原則で収益と費用を認識しているってことを，まずは覚えておいてほしいんだ。けれども，特に収益に関してそのまま「発生主義」を適用すると，別の問題が起こってくるんだ。

　例えば，競馬で予想をして，自分の予想した馬が1着になったとしよう。でも，予想しただけで馬券を購入していなければ，懐には1円も入ってこないよね。じゃあ，予想して馬券を購入して，そのとおりに予想した馬が1着になっ

たとしよう。これは，儲かったんだろうか？　会計では，これを「発生」というんだよ。

　でも，実際には，これを換金して，初めて大金を手に入れることができるのであって，大事に当たり馬券を持っている間に失くしちゃったとしたら，儲かったといえるだろうか。この場合の収益を「未実現」なんて言ったりするんだ。つまり，収益に関しては発生だけではダメで，もう少し確実性を備えた「実現」という時点で考えないとダメなんだ。それを，**実現主義の原則**なんていうんだけど，これは収益のみに適用される原則だよ。この「実現」が備えている内容は，2つあるんだ。1つは，「財貨・役務の提供」といって，商品・製品の販売やサービスを相手に提供していることが必要になる。もう1つは，「対価の受取り」といって，何も現金だけじゃなくて将来現金になる権利でもいいから，それを受け取っていることが大事なんだ。この2つが満たされているときに収益を計上することができることになる。このときは，具体的に販売したときなので，「販売基準」なんて言われることもある。

3—5 ●発生主義と実現主義

- -

吉田先生　これだけでも十分難しいのに，この収益の認識は，結構たくさんの問題を抱えているんだよ。今回の説明ではそれに関しては触れないから，基本的なことをシッカリと理解しておくことにしよう。そのために，今回はこの辺にしておこうかね。でもって，今日の最後に，プロ野球における売上高って何だと思う？

イチロー　たぶん，チケット収入だと思います。

吉田先生 そうなんだよ。観客が支払う入場料が売上高に該当するんだよ。でも，実は，それが必ずしも球団に入るとは限らないんだ。というのは，日本のプロ野球の球団の中には，球場の経営権を所有していない球団もあるんだ。つまり，どこかの会社から球場を借りて，年間数億円も使用料を支払うようだよ。どうやって，球団経営を成り立たせてるのかね～。今後，その球団も，自前のスタジアムを建設するみたいだけどね。

 # クールダウン

✉ イチロー君からの質問メール

吉田先生へ
イチローです。

会計のサイトをネットサーフィンしていたら，損益計算書のほかに包括利益計算書（ほうかつりえき）というのを見つけたんですが，これについて教えて下さい。

✉ 吉田先生からの返事メール

イチロー君へ
吉田です。

日本では，2010年6月に，企業会計基準委員会という会計基準を設定する組織から，企業会計基準第25号「包括利益の表示に関する会計基準」が公表され，2011年3月31日に終了する連結会計年度の年度末に係る（かか）連結財務諸表から適用されています。つまり，この基準は，連結財務諸表を作成する企業のみの適用ということですね。この基準の中では，「損益及び包括利益計算書」という計算書を作成する方式か，「損益計算書」と「包括利益計算書」の2つの計算書を作成する方式のいずれかを選択できるようになっています。

ここにいう包括利益は，当期純利益にその他の包括利益を加える形で計算されます。

ちなみに，その他の包括利益は，個別財務諸表では，貸借対照表の純資産の部で「評価・換算差額等」として，また連結財務諸表では，「その他の包括利益累計額」として表示されます。

今回の包括利益の導入によって，当期純利益の重要性が低下することはありません。そのため，今の段階では，損益計算書をシッカリと理解するようにしましょう。

Y

～コラム⚾あと一球～

新しい収益認識基準で何が変わるの？

読者の人たちはすでに知っていることですが，収益の認識は実現主義で行います。収益の金額が利益額に影響を及ぼすことになるため，その金額を決定する方法は，重要な点であることは言うまでもありません。

その収益の額に影響を及ぼす新しい会計基準が，2018年に公表されました。実は，この会計基準を読んでもチンプンカンプンだと思いますが，財務諸表の国際的な比較可能性を確保することの重要性と，国際会計基準（⚾第6章）の内容を一部だけ取り入れることが難しいことから，国際会計基準をそのまま日本基準にしました。

では，具体的に今までと何がどう変わるのでしょうか。基本的には，「売上高」に計上される金額が大幅な減額になる可能性が高くなります。例えば，百貨店では，取引を百貨店が主体になって行っている場合には問題ありませんが，取引主体でない場合には，売上高を純額（販売額－仕入額）で表示することが求められています。そのため，在庫処分として，仕入額以下で販売すれば売上高に計上できないことになります。また，スマートフォンの販売代理店に渡していた奨励金（リベート）も売上高に入れられなくなりましたから，その分だけ売上高が減少するでしょうね。

第4章

成績表の中身②：
貸借対照表編

 ウォーミングアップ ···

イチロー おはようございます。

吉田先生 おはよう。今回も，私，吉田が前回に引き続き担当です。今回の話
は，もう1つの基本財務表である「貸借対照表」についてです。ここで言う
「基本」とは，どの企業も作成することが義務づけられているという意味だ
よ。前回，損益計算書のところで，最後に球場の話をしたのを覚えているか
な。各球団が利用している球場は，それぞれの球団が所有している場合もあ
れば，そうでない場合もあるっていう話だったよね。今回の話は，球場を所
有している球団の話だよ。

　さて，球場を所有しているということは，それだけ自分の財産を持ってい
るということを表していることになる。会計では，これを「資産」と呼んで
いる。けれども，球場を建設するのには，莫大なお金が必要になる。そのた
め，そのお金を金融機関などから借りるこ
とになるのが一般的だ。この借金は，将来，
返済しなければならないものだから，会計
では「負債」ということになる。また，球
団経営のための元手は，たぶん，今までの
授業で聞いたと思うけど「純資産」と呼ば
れている。昔は，資本って呼ばれてたんだ
けどね。さて，球場は，どこでも「○△

フィールド」なんて必ず名前がついている。球場によっては，なんか聞いたことのある会社の名前だったりするんだけど，これは，名前をつけることのできる権利，いわゆる「命名権」をその会社が購入したことを表していることになるんだ。お客さんは，何度もその会社の名前を聞いたり，球場内の看板で商品を見たりして，それが宣伝効果を生むことになるね。命名権を販売することによって，球団側は収益の一部に充てていることになる。

　さて，自分の持っている財産で少し考えてみることにしよう。例えば，自動車はどうだろうか。これは，資産に該当するんだけど，新車で購入しても1年後には買ったときの価額で買い取ってもらうことは不可能だね。なぜなら，1年間の使用で，たとえ車庫に入れたままにして運転しなかった場合でも，古くなっているからだ。時の経過や使用によって古くなっているということは，それだけ価額が低くなっているということなんだ。会計では，その分は収益獲得に貢献した部分と考えて，すでに説明したように，収益部分に対応させる費用として計算することになるんだよ。簡単に言うと，「資産には，将来費用になるものも載せている」ってことかな。また，新車と同じ走りを維持するために，部品を交換したりして維持費もかかるよね。こういうのって，一体，どうやって考えていけばいいんだろうか。

　球場でも，毎日のように試合をしているから，グラウンドは荒れるし，荒れるとイレギュラーしたりして試合に影響するから，毎日毎日，維持するための手入れをする必要があるよね。また，スタンドも，ジェット風船，紙ふぶきやゴミも出るから，試合終了後に掃除は欠かせないだろうし，球場自体が雨風にさらされて古くなるから，そのための改修費用もかかることになる。いや～，球団経営はカネがかかるってことだよね～。一体，どうなってるのか，見てみることにしよう。

1　貸借対照表の仕組み

　さて，すでに勉強したように，**貸借対照表**には，資産・負債・純資産が表示され，英語ではBalance Sheet，略してB/Sと表記するんだったよね。この

Balanceって単語を辞書で引いてみると，「残高」とか「均衡」とかいう意味が載っている。だから，貸借対照表は，残っているものが，左側（借方）と右側（貸方）で同じ金額になるように構成されているってことだね。これも確認だけど，借方には資産が，貸方には負債と純資産が載るんだよ。

4－1 ●貸借対照表の様式（勘定式）

この貸借対照表は，損益計算書と同じで，会計期末，いわゆる決算日に作成されることになっている。その決算日に企業に残っている資産・負債・純資産を全部載せることが求められていて，それを「**貸借対照表完全性の原則**」っていうんだ。

で，この貸借対照表は，「**財政状態**」を表すといわれている。財政状態とは何だろう。貸方の負債と純資産は，経営資金をどのように集めたかを示す「調達源泉」を表しており，借方の資産は，その資金をどのように使っているのかを示す「運用形態」を表している。だから，「資産＝負債＋純資産」という等式が成立することも，すでに説明してるよね。これら調達源泉と運用形態の関係を，財政状態っていうんだ。

じゃあ，貸借対照表ってどうやって作成されるんだろうか，わかる？

・・

イチロー　資産も負債も純資産も，なんとなくイメージできるんですが，どのように理解すればいいでしょうか？

吉田先生　簿記で仕訳をするときの勘定科目で具体的なイメージをつかむことができるものもあるけれど，資産は，将来，キャッシュを獲得する能力を有するもので，貨幣評価できるものということができます。その中には，現金，商品，備品などの形のあるものもあれば，売掛金やのれんのような形のない

ものもあるよ。また負債は，将来，キャッシュを引き渡す義務ということができます。その中には，法律上の債務である確定債務や条件付債務だけでなく，会計的負債といわれるものも含まれます。それらの中にどのようなものが含まれるのかは，イチロー君が復習する中で調べてもらおうかな。純資産は，資産と負債の差額として理解すればいいんだけど，少し会社法という法律が関係してくるんだ。

2 表示のきまり

　次に，貸借対照表は，どのように表わされるのか，この点について説明することにしよう。すでに説明したように，借方の資産，貸方の負債と純資産に大きく分けられるんだけど，資産は流動資産と固定資産と繰延資産の3つに区分表示されるんだ。さらに固定資産は，有形固定資産，無形固定資産，投資その他の資産に細分化されて表示されることになっている。それだけ，固定資産には性格の異なるものが交じり合っているってことだね。また，負債も流動負債と固定負債に分けて表示される。純資産は，後で説明しよう。

4—2 ●区分表示

貸借対照表

貸借対照表	
Ⅰ　流動資産 Ⅱ　固定資産 　1　有形固定資産 　2　無形固定資産 　3　投資その他の 　　資産 Ⅲ　繰延資産	Ⅰ　流動負債 Ⅱ　固定負債
	純資産

　そうなると，気になるのは，資産と負債にある流動と固定の区分になるんじゃないかな。これは，資金の調達源泉と運用形態の関係を一層明らかにしたり，会社が借金を返す能力がどれくらいあるかを判断するために有効なものになるはずなんだ。それを理解するために，まずは流動と固定の違いはどこにあ

るのかを理解しておかなければならないんだけど，それを分けるための基準は
2つある。1つは「営業循環基準」で，もう1つは「1年基準（ワンイヤー・
ルール）」というんだ。**営業循環基準**は，通常の営業活動との関係で分類する
基準で，経営資金の循環（&1—3参照）の過程の内にあるものは流動に，
その中に入らないものは固定に分類されることになる。**1年基準**は，決算日の
翌日から数えて1年以内に回収されるか支払われるものを流動に，1年を超え
るものを固定に分類する基準だ。原則的に，営業循環基準を用いるんだけど，
その循環過程と関係ないところで発生するものに関しては1年基準を使うこと
になるんだ。そうなると，残っちゃうのが「繰延資産」ってことになる。

4—3 ● 流動・固定の区分法

```
       ┌ 営業循環基準 ── 営業活動に関係する項目 ── 流動資産
       │
       │            ┌ 営業活動と関係しない項目 ┐ ── ┌ 流動資産
       └ 1年基準 ──┤                           ├    │
                    └ 営業活動から外れた項目   ┘    └ 固定資産
```

　繰延資産は，別の言い方で「将来の期間に影響する特定の費用」と表現され
ている。ここからわかるように，その本質が費用なので，当期の費用として処
理するのが原則なんだけど，支出の効果と収益との対応という2つの理由から
資産として処理することも認められていて，現在では，株式交付費，社債発行
費，創立費，開業費，開発費の5項目だけがそれに該当しているんだ。でも，
実際には，ほとんどの企業が1会計期間の費用として処理していて，貸借対照
表でみかけることはないね。

　じゃあ次に，資産・負債・純資産は，貸借対照表ではどのような順で並べら
れているんだろうか。それにも，一応の決まりがあるんだ。でないと，貸借対
照表を見る人が，ちゃんと理解できないと困るからね。その決まりとは，借方
は資産しかないから問題ないんだけど，貸方には負債と純資産があるよね。基
本的には，負債→純資産の順番で並べられているんだ。その場合，資産も負債
も，流動→固定の順番になる。繰延資産は一番最後だよ。で，流動資産や流動
負債は，個々の勘定科目が，流動性の高いものから低いものへ順番に並ぶんだ。
流動性が高いってのは，資産では換金性が高いことを表している。つまり，現

金になりやすい順ってことだね。負債では，支払期日が早いものからってことだよ。このように，流動から固定へ，流動性の高いものから低いものへ並べる方法を，**流動性配列法**って呼んでるんだよ。ちなみに，別の方法として，固定性配列法ってのもあるけど，大半の企業は流動性配列法に従って作成してるね。

4―4 ●配列法

流動性配列法	
流動資産 固定資産 繰延資産	流動負債 固定負債
	純資産

固定性配列法	
固定資産 流動資産 繰延資産	固定負債 流動負債
	純資産

　また，「明瞭性の原則」の観点から，利害関係者が判断を誤らないように，資産項目と負債項目を相殺しちゃいけないっていう「総額主義の原則」も設定されている。これは，損益計算書を作成するときにもでてきたよね。貸借対照表の場合，例えば，売掛金と買掛金を相殺して，純額で売掛金が○○円としちゃいけないということを示しているんだ。でないと，全体の金額がわからないからなんだ。

3　金額の決め方 ……………………………………………

吉田先生　じゃあ次に，資産や負債の金額がどのように決まってくるかを説明しよう。負債は将来キャッシュを引き渡す義務だから，基本的に借りた時点で返済する金額は決まっているといえる。つまり，金額決定の問題はでてこないことになる。ということは，この問題の中心は資産ってことだよね。じゃあ，資産はどのように金額を決定すると思う？

イチロー　買ったときの金額になると思います。

吉田先生　当たり前なんだけど，そうなんだ。買ったときの価額を**取得原価**っていうんだよ。その取得原価は，ただ単に買ったものの金額だけではなくて，それを購入するためにかかった費用，これを付随費用っていうんだけど，それも取得原価の中に含めるのが特徴だね。これは，覚えておいてね。

取得原価＝購入代価＋付随費用

. . . .

　金額を決める場合の問題がどこにあるかというと，会計期末に貸借対照表を作成するときになって，資産の金額は取得原価のままでいいのかどうかっていう問題なんだ。資産の中には，期末の価額が購入したときの価額とかけ離れたものもあるはずだね。その場合，そのままの金額でいいのかどうかを考えないといけないことになる。最初に購入したときの価額なのか，期末の時点での価額なのか，ということだよ。期末の時点の価額のことを「時価」っていうんだけど，取得原価からかけ離れているとすれば，時価のほうが今の価額を表しているから，情報利用者にとっては意味のある金額になると考えられる。でも，時価ってのは流動的な部分もあるので，どの時価を用いるかを決める際に，意図的な要素が入り込む可能性もある。これに対して取得原価は，購入したときの金額だから，領収書もあって客観性が確保されているから，意図的な要素が入り込む可能性はない。さて，どうするかな。

. . . .

イチロー　多分，資産の項目によって使い分けるんじゃないでしょうか。

吉田先生　そうなんだ。原価と時価の乖離（かいり）が激しいもの，特に，すぐに売却することを考えて購入した有価証券なんかは，期末に時価で評価されることになって，原価と時価の差額は「評価損益」として損益計算書に計上されるんだ。だから，イチロー君の言うように，項目によって評価する基準が異なってきているということだね。

. . . .

　ここで話が少し難しくなるけど，さっき説明した「時価」には2種類あるんだよ。1つは，今同じものを市場で購入したと仮定したらいくらかかるかという時価，これを「取替原価（とりかえげんか）」とか「再調達原価（さいちょうたつげんか）」なんて言ったりするんだ。もう1つは，今保有している資産を市場で売ったと仮定したらいくらになるかという時価（正確に言うと，手数料分を差し引くんだけど），これを「正味売（しょうみばい）

却 価額」って言っているんだ。

　今後，日本の会計の中にも，時価で評価するケースが増えてくると思うから，ぜひ覚えておいてほしいんだよ。

4－5 ●時価の種類

$$時価\begin{cases}購買市場 —— 取替原価・再調達原価 \\ 売却市場 —— 正味売却価額\end{cases}$$

4　球場の価値は？

　さて，最初に球団が保有する球場の話をしたね。球場は，資産の中でも固定資産，特に有形固定資産に分類されるんだ。固定資産は，期末時点でも取得原価で表示されることになっている。でも，説明したように，時の経過や利用によってだんだんと古くなってくるにもかかわらず，それを表わさないでいいのかっていう問題がでてくる。古くなって，今はその金額で売ることができないにもかかわらず，買ったときの金額では，本当の価値を表していないことになるからね。

　そこで会計では，時の経過や利用によって古くなった部分を計算することにしているんだ。実際に，古くなった部分なんてわかるわけがないので，一定の計算式にあてはめて毎期，規則的に計算することにしているんだよ。その手続きを「減価償却」っていうんだ。取得原価の一部が，毎期毎期，費用化していって，実際の価値は段々と下がっていますってことを示す手続きになるんだ。このような手続きのことを「費用配分の原則」といって，とても重要なんだ。また，具体的に減価償却の手続きを仕訳で表わすと，次のようになるよ。

　　　（減 価 償 却 費）　　×××　　（減価償却累計額）　　×××

　借方の減価償却費は，当期の価値の減少分を表していて，それが当期の費用として損益計算書の販売費及び一般管理費の部分に計上されることになる。貸方の減価償却累計額は，毎期毎期の価値が減少した部分の総額を表しており，

わかりにくいけど負債として計上されるんだよ。そのため，資産の取得原価からこの減価償却累計額を差し引くと，まだ償却されていない現在の価値部分が計算できるんだ。

取得原価 − 減価償却累計額 ＝ 未償却残高

この未償却残高が，まだ価値の減少していない部分を表わすことになる。つまり，球場も，こうやって今の価値を計算することができるんだ。もし，「球場を売ろうかな」なんて考えた場合，この未償却残高が売却する際の基礎額になるだろうね。だから，取得原価で表示されている部分だけを見て，「高いね！」と言っているのは，マトハズレの場合もあるから気をつけないといけないね。

5　純資産の部

最後に残しちゃったのが純資産の部だけど，この部分は，会社法が関係してくるので，ちょっとヤッカイな部分なんだ。そこで，まずは表示に関して説明することにしよう。

純資産の部は，「**株主資本**」と「株主資本以外」の項目に大別できる。そして，株主資本以外の項目は，「評価・換算差額等」，「株式引受権」および「新株予約権」に分けられるんだ。

4 ― 6 ● 純資産の部

```
Ⅰ　株主資本
　　1　資本金
　　2　資本剰余金
　　3　利益剰余金
Ⅱ　評価・換算差額等
Ⅲ　株式引受権
Ⅳ　新株予約権
```

「株式引受権」と「新株予約権」は，それ自体が独立した勘定科目として処理される項目なので，純資産の部では，最初の「株主資本」，ここが一番重要

になるんだ。まず，株主資本は，株主に帰属する部分を表わしていて，「資本金」と「資本剰余金」と「利益剰余金」に３分割される。資本金は，言うまでもなく，株主が出してくれた金額を表わすんだけど，会社法では，株主が出した金額をすべて資本金としなくてもいいと規定しているんだ。そうなると，株主が出したんだけど，資本金にならない部分ってのが出現することになって，それが資本剰余金ってところに表示される。実は，資本剰余金ってのは，資本準備金とその他資本剰余金に細分化されている。株主が出して資本金に入れられない部分は「資本準備金」に表示されることになるんだ。チョッと，難しいかもしれないね。

（現　　　　　金）	×××	（資　本　金）	×××
		（資本準備金）	×××

　また，利益剰余金は，経営活動の成果として獲得した利益のうち，配当金等で社外に配分されないで社内に残っている部分を示していて，留保利益といわれることもあるよ。この利益剰余金も，利益準備金とその他利益剰余金に細分化され，その他利益剰余金は，任意積立金と繰越利益剰余金に分けられることになっている。ここにいう「準備金」ってのは，法律によって企業内部に積み立てることを決められたものなんだよ。

４－７ ●株主資本の説明

株主資本
- 1．資本金
- 2．資本剰余金
  - (1) 資本準備金
  - (2) その他資本剰余金
- 3．利益剰余金
  - (1) 利益準備金
  - (2) その他利益剰余金
    - 任意積立金
    - 繰越利益剰余金

　「評価・換算差額等」は，第３章の「クールダウン」でも少しだけ触れたけど，特定の項目を時価評価した際に，その評価差額を当期の損益として認識しないものをいい，その他有価証券評価差額金とか為替換算調整勘定なんてのが含まれることになっているんだ。

クールダウン

✉ イチロー君からの質問メール

吉田先生へ
イチローです，本日はありがとうございました。

ちょっと資産の評価基準を調べてみたところ，「低価基準」というのが何度も出てきたのですが，原価基準との関係をどのように考えればいいのでしょうか？　よろしくお願いします。

✉ 吉田先生からの返事メール

イチロー君へ
吉田です。いいところに目がいきましたね。

授業では，原価基準と時価基準の２つしか説明しませんでしたが，原価基準の例外として，低価基準という評価基準があります。

これは，期末時点において，原価と時価を比較して低いほうの価額で評価するという基準です。ですから，あるときには原価で，またあるときには時価で評価することになります。現在では，企業会計基準第９号「棚卸資産の評価に関する会計基準」で，この低価基準が原則的基準として規定されています。

余談ですが，学生の答案には，「低下基準」という間違った漢字を書いている人がいます。気をつけるようにしてください。では，また次回。

Y

～コラムあと一球～

無形資産の情報は有用ですか？

その昔，銭湯がいたる所にあったころ，出入り口には「湯」とかかれたの
れんがかかっていました。今は，居酒屋の入り口に縄のれんがみられます。
会計学では，この「のれん」は超過収益力を表しているといわれます。こ
れは，継続的に利益を獲得する能力ということから形のない資産として計
上されますが，取得後の処理方法として，時の経過に伴ってその価値が減
少するという考え方(償却)と，買収先企業の収益力が低下したときに価値
を引き下げるという考え方(減損)があり，議論が巻き起こっています。な
ぜなら，どちらの処理を採用するかによって，企業の業績が異なってくる
からです。

近年，会計情報の中でこのような無形資産が占める割合は高まっています
が，逆に，経営者による主観的な見積り，判断，予測によって，その情報
の有用性は低下しているといわれています。ゆゆしき問題です。どのよう
にして，会計情報の信頼回復をしていくことが可能なのか，真剣に考えて
いく必要があるでしょう。

54

第5章

会計を取り巻く
ルール

 ウォーミングアップ ·······························

イチロー　おはようございます。

吉田先生　おはよう。前回までの第3章と第4章では，会社の成績を表わす財務諸表についての説明だったけど，大丈夫かな？

イチロー　ハイ。帰宅してから，父の会社や取引先の財務諸表をHPでチェックしてみました。今まで，漠然としか見てなかったんですが，どうしてこうなっているのかを少し考えてみるようになりました。

吉田先生　それはスゴイ。じゃあ，今日はその財務諸表を作成するためのルールについて少し説明しておこうかね。君は，野球をやっていたと聞いてるから，今日も最初は，野球の例を取り入れてイメージしやすいように考えてみよう。何でもそうだけど，なぜルールがあるかというと，みんなが勝手なことをしないように，つまり自分にだけ都合のいいように解釈をしないようにするために，みんなで守るべきルールを設定する。それによって，物事を公平に進めることができるんだよね。

　例えば野球の場合，原則として，9回まで攻撃と守備が交互に行われ，ビジターチームは先攻，ホームチームは後攻となっている。9回の攻防が終わって同点の場合には，日本では延長戦が12回の攻防まで，

55

大リーグでは決着がつくまで延々と行われることになっている。また，ベンチに入れる人数が決められていたり，守備につけるのは 9 人とか，アウト 3 つで攻守の交代があるとか，ストライク 3 つで三振とか，ピッチャーが投げたボールが打者に当たるとデッド・ボールで一塁をもらえるとか，試合をするための細かいルールがあるのと同じように，会計にもルールがあるんだよ。でも，そのルールを適用する前の前提の枠組みみたいなものが先に来るのね。例えば，球団を運営するためのルールのようなものが，日本プロ野球機構で決められているんじゃないかと思う。会計では，それに該当するのがいくつかの法律になるんだよ。

　昔，「俺がルール・ブックだ！」と名言をはいた審判がいたけれども，会計では自分勝手な解釈は許されなくなってるんだ。じゃあ始めるけど，最初にアドバイスをしておくね。多分，今日は今まで以上に初めて聞く専門用語がたくさんでてくると思うんだ。わからない用語がでてきたらチェックしておいて，後で必ず調べること。これが重要なんだな。

1　会計を規制する法律

　多分，「第 1 章　会計の守備範囲」で説明を受けていると思うけど，会計ってのはいろんな人に影響を及ぼすもんだから，結構，いろいろな規制がされているんだよ。でも，会計のこまごましたルールは法律として制定されたもんじゃないから，極端にいえば，誰も守らなくったっていいことになっちゃう。でも，これじゃ～困っちゃう。みんな好き勝手な数字を創り上げれば，利害関係者は何を信頼して意思決定すればいいかわからなくなっちゃうからだ。そこで，みんなに会計のルールを守ってもらうための枠組みを定めることになった。つまり，結果的に「法律だから皆さん，遵守しましょう」って形式をとるようにしたんだ。

イチロー　先生，会計のルールって，法律じゃないんですか？

吉田先生　はっきり言ってしまえば，法律じゃないんだよ。この章の「5　会

計基準」で，会計のルールの1つである企業会計原則っていうのが出てくる
けど，その前文には，「…必ずしも法令によって強制されないでも…」と書
かれていて，法律ではないことを示している。しかし，すぐその後で，「す
べての企業がその会計を処理するに当って従わなければならない基準」であ
ると述べられている。ここから，企業会計原則というのは，法律と同じ効果
を有するものと解釈することができるよね。また，会計と関係する法律の条
文の中には，「これが，会計のルールを示しているんですよ」と解釈できる
ような文言を入れるようにしているんだよ。そうすることで，間接的に会計
のルールに法律と同じ効力を与えたことになったんだ。

　それは後で説明するとして，まずは会計と関係する3つの法律，会社法と
金融商品取引法と税法について説明するんだけど，ここで覚えておいてほし
いのは，法律の枠内で行われる会計のことを「**制度会計**」っていうんだ。こ
れは，財務会計の枠組みの中に含まれている。つまり，財務会計の中には，
制度会計と制度会計以外の会計もあるってことだね。

5－1 ● 制度会計と非制度会計

2　会社法と会計

　最初は会社法ね。会社法は，すべての会社が守らないといけない法律なん
だってことを覚えておこう。

　会社の種類については，「第1章　会計の守備範囲」で鈴木先生から学んで
いると思うけど，会社法では，会社には4種類の会社があるよ～っていってる。

そして，その大半は株式会社ね。その特徴は，**有限責任制**っていわれている。これは，株主の責任の範囲が，出資した金額の範囲を限度とするということを意味している。もし，これが有限責任でなくて無限責任だったら，怖くて株式を購入して株主になんかなれないよね。もし無限責任だったら，会社に何かあったときに株主個人の財産も巻き上げられる可能性がでてくる。有限責任だから，みんな安心して株式を購入できるし，会社も資金を集めやすいんだ。よく新聞なんかでは，大会社とか中小会社なんて書いてあるけれど，会社法では株式会社を資本金と負債総額に基づいて規模別に分けているんだよ。実は，誰でも知ってるトヨタやソニーも町の小さな会社も，この会社法の適用を受けることになるんだけど，相当規模の異なる会社に同じ法律を適用するのは少々無理がある。そこで，大会社（資本金5億円以上または負債総額200億円以上の株式会社）は，後ででてくる「上場会社」と同じように扱われることになってるんだ。つまり，規制が厳しくなるってことなんだよ。まあ，関係する人の数も多くなって，社会に及ぼす影響も大きくなるから当然のことだけどね。

この会社法，債権者を保護しようってことと，株主と経営者の利害の調整を理念において体系化されているんだよ。株主は，株価の変動をみて資本市場で株式を売却できるし，株主総会に出席して自分の意見をいうチャンスも与えられている。でも，債権者は，株主が持っているのと同じような権限がない。そのため，株主が勝手に会社財産の処分を決めて，債権者に不利になることがないように債権者の利益を保護しているんだね。具体的には，ちょっと難しいけど，分配可能額の制限をすることでその機能を果たしているんだ。また，企業情報を開示することで，株主を保護しようともしているんだよ。

どんな情報を作成・開示するのかっていうと，まずは「計算書類等」ってのを作成することになってるんだ。「計算書類」の中には，「損益計算書」と「貸借対照表」のほかに，「株主資本等変動計算書」と「個別注記表」が含まれる。また「等」には，「事業報告」と「附属明細書」が含まれるんだ。これは，覚えておこうね。

会社法では，これらの計算書類等は，どのようにして公表されるように決まっているんだろうか。

一般に，計算書類等は，株主総会招集通知と一緒に株主に郵送されることに

なっていて，株主総会では，その内容について承認することになるんだ。そして，承認を受けた計算書類は，「決算公告」といって官報や日刊新聞または電子公告という形で公表されることになる。さらに，これらの計算書類等は，数年間，本店や支店に備えおかれ，株主や債権者は閲覧の要求ができることになっている。こういう形で，開示されるんだ。

　ただ，会社法の中には，計算書類を作成するための具体的な条文がおかれていないんだ。それでなくても，本文が膨大な条文で構成されているのに，細かいものが加われば，際限なく条文が増え，わけがわからなくなってしまう可能性がある。そこで，計算書類等の作成に関しては，「会社計算規則」というのが別に準備されているんだ。ただ，それも，表示に関しての規定が述べられているだけで，具体的な金額をどのように測定するのかは規定されていない。そこで，会社法では「株式会社の会計は，一般に公正妥当と認められる企業会計の慣行に従うものとする」という条文を設けていて（第431条），ここにいう「一般に公正妥当と認められる企業会計の慣行」を「企業会計原則」や「企業会計基準」と解釈しているんだ。これが，会社法と会計を結びつける条文だね。これらについては，後で説明しよう。

5—2 ●会社法会計

会社法会計 { 測定 ―― 企業会計原則・企業会計基準
　　　　　　 表示 ―― 会社計算規則

3　金融商品取引法と会計

　会計を規制するもう1つの法律に，金融商品取引法がある。この法律が適用される会社は「上場会社」といって，証券取引所で株式が売買されている会社の他に，店頭登録会社や所有者が500人を超える有価証券を発行している会社が含まれる。これらの会社は，会社法だけでなく金融商品取引法が定めた厳しい規制も適用されることになるんだ。また，証券取引所で株式を売買する人のことを「投資家」と言うんだけど，金融商品取引法は**「投資家保護」**を目的と

しているんだ。つまり，投資家の自己責任を大前提として，彼らを保護するために会計情報の開示を上場会社に義務づけているんだ。そのため，現在の投資家だけではなく，将来の投資家になる人も対象になっている。

　じゃあ，どうやって投資家を保護しようとしているかというと，証券市場に対する十分かつ適時な情報開示を行うことによって保護しようとしているんだよ。これを，「ディスクロージャー制度」と言うんだ。新聞紙上でもこのコトバはよく見かけるから，どこかで読んでいるかもしれないね。具体的には，有価証券の売出しや募集を行う市場，いわゆる資金調達を行う際の有価証券の発行市場でのディスクロージャーと，いったん発行された有価証券が投資家の間で売買される市場，いわゆる流通市場で投資家の投資判断に役立つためのディスクロージャーに分けて規制されているんだ。発行市場では，「有価証券届出書」と「目論見書」という書類を作成して内閣総理大臣に提出することになっている。有価証券届出書には，募集または売出しに関する証券情報と経理の状況を中心とする企業情報が記載されることになっているんだよ。

　こちらのほうが重要なんだけど，流通市場では，「有価証券報告書」や「四半期報告書」等が作成され，継続的な開示が求められている。1年に1回作成される有価証券報告書は，有価証券届出書同様，内閣総理大臣に提出するんだ。具体的には，企業の概況，事業の状況，経理の状況等が記載されることになっているよ。また，四半期報告書は，より迅速な情報開示を行うために3カ月ごとに作成する財務諸表を言うんだ。有価証券報告書の経理の状況には，財務諸表が記載され，大量の会計情報が提示されることになっているよ。ここでいう財務諸表には，貸借対照表，損益計算書，株主資本等変動計算書，キャッシュ・フロー計算書，および附属明細表が含まれるんだ。これは，もう学んだよね（☞「第1章　クールダウン」参照）。

　金融商品取引法では，発行市場や流通市場での投資意思決定に有効な情報を提出することが義務づけられていることがわかったね。それらの情報は，EDINET（金融商品取引法に基づく有価証券報告書等の開示書類に関する電子開示システム）からも得ることができるよ。金融庁のHPからアクセスできるから，一度利用してみるといいかもね（disclosure.edinet-fsa.go.jp）。

　金融商品取引法では，財務諸表の表示について「財務諸表等規則」という規

則を別途設けているんだけど，測定に関する規則は見当らないんだよ。そこで，財務諸表等規則の第1条では，「一般に公正妥当と認められる企業会計の基準に従う」という条文をおいて，規定されていないものに関しては，それに従うことを決めているんだ。あれ？　これって，同じような文言を「2　会社法と会計」でも見たよね。さて，財務諸表等規則にいう「一般に公正妥当と認められる企業会計の基準」とは，会社法と同じように，「企業会計原則」や「企業会計基準」等を指すものと解釈されているよ。つまり，会社法も金融商品取引法も，法の理念にあわせて情報の開示様式についての規則は設けているけど，測定に関する規則は設けておらず，それを「企業会計原則」や「企業会計基準」等に委ねているということがわかるよね！

5―3 ●金融商品取引法会計

金融商品取引法会計 $\begin{cases} 測定 ―― 企業会計原則・企業会計基準 \\ 表示 ―― 財務諸表等規則 \end{cases}$

　ただ，両者を比較した場合，会社法では「計算書類」といいながら金融商品取引法では「財務諸表」というし，そこに含まれる項目も少し異なっているから，ビギナーは混乱しちゃうよね。正直なところ，教える側としても何とかしてほしいところなんだけどね～（本章コラム参照）。

5―4 ●計算書類と財務諸表

計算書類（会社法）	財務諸表（金融商品取引法）
貸借対照表	貸借対照表
損益計算書	損益計算書
株主資本等変動計算書	株主資本等変動計算書
	キャッシュ・フロー計算書
個別注記表	
	附属明細表

4　税法と会計

　税法では，会社法や金融商品取引法が理念として掲げているような債権者や投資家等を保護するというのではなく，「**課税の公平性**」を理念として掲げている。これは，簡単に言えば，たくさん稼いでいる人にはたくさん税金を納めてもらうことにしましょう。また，稼ぎの少ない人は，それに見合った税金を納めてください，というものだと考えてもらっていい。そのため，会計を規制する他の2つの法律と異なり，誰かを保護するための情報の開示を重視するということはないんだよ。

　損益計算書の様式でみたように，企業が納める税金は，法人税，住民税および事業税というんだけど，これは，益金から損金を差し引いて「所得金額」を計算し，それに一定の税率を掛けることで計算されるんだよ。詳しい説明は「第10章　会社の支払う税金」にお任せするけど，ここにいう益金を計算するベースは企業会計上の収益であり，損金を計算するベースは企業会計上の費用になることは覚えておいてほしいんだ。そして，税法でも，収益および費用は，法人税法第22条第4項に規定される「一般に公正妥当と認められる企業会計の基準」に従って計算されるんだ。つまり，企業会計の計算をベースに所得金額が計算されることがわかるよね。具体的には，株主総会で承認を受けた損益計算書の税引前当期純利益を基礎に税法で定めた項目を加減して，所得金額を計算することになる。このような方式を，「確定決算主義」といって，日本の税法会計の特徴になっているよ。

5　会計基準

　今まで話した3つの法律では，会計に関する具体的な条文をおかずに，ある条文をおくことで，法律じゃないものを使って会計を行うことを決めていたね。それが，「一般に公正妥当な企業会計の基準」なんて言われていて，一般的に，企業会計原則や企業会計基準を指していると解釈されていたね。そのため，それも法律の枠内，いわゆる制度会計の中に含まれていることになると解釈され

ているんだよ。

1) 企業会計原則とは？

　では，企業会計原則とは，一体どのようなものだろうか。実は，日本が第二次世界大戦に負けた後，戦後経済の復興を目指して作られた会計処理・表示の原則だと思ってもらえばいい。国の政策としてどの産業を保護・育成していくかとか，外国資本をどの企業に投下するか，というようなことを考えたとき，すべての企業が同じものさしを使って会計処理をしていることで，その問題に対処することができる。そのため，1949年という今からみると遠い昔，当時の経済安定本部にある企業会計制度対策調査会という組織が「**企業会計原則**」を策定したんだけど，その後，大蔵省の企業会計審議会が後を引き継いで，何度も改正が行われたんだ。現在でも，企業会計審議会は金融庁の中にあるんだけど，2001年以降，会計基準を設定する作業は「企業会計基準委員会」に委ねられている。これは，また後で話すことにしよう。まずは，企業会計原則からね。

　企業会計原則は，当時の実務で用いられていたものの中から公正妥当なものを導き出して要約したものという性格を有しているんだよ。そして，前にも述べたように，法律じゃないんだけど会計をする場合には守るべき基準として位置づけられている。公認会計士が監査をするときには，この企業会計原則に従った処理をしているか否かをチェックすることになる。ただ，どの業界でも使用できるように，いくつかの会計処理では複数の処理方法を設定して企業がその中から自由に選べるようになっている。そのときの注意事項は，一度採用した方法は，「正当な理由」がない限り継続して用いなければならないということなんだ。これを，「**継続性の原則**」というんだ。この原則は，毎年，同じ方法を用いていることで比較可能性を確保しようという理由と，経営者が意図的に金額を変更できないようにする理由から設けられているんだよ。また，いくつも処理方法が認められていると，同じ事象なのに，そこから導き出される金額はいくつもでてくることになる。どの金額が正しいんだろうと考えちゃうけど，実は，どれも正しい金額として認められている。これを「真実性が確保されている」なんていうんだよ。真実の金額って，1つじゃないってことだね。

　さて，この企業会計原則は，一般原則，損益計算書原則，貸借対照表原則で

構成されている。それに，企業会計原則注解というのが付け加えられている。一般原則は，企業会計の理念のようなものが7つ掲げられている。どんなものが一般原則になっているのか，一度調べておくのがいいと思うよ。損益計算書原則と貸借対照表原則は，それぞれの財務諸表を作成するための原則で，企業会計原則注解は，本文では説明しきれない細かな部分を補足的に説明したものと考えてもらっていい。これらで，企業会計全般をカバーしていたといってよい。

5—5 ●企業会計原則の構成

$$
\left\{
\begin{array}{l}
企業会計原則 \left\{
\begin{array}{l}
一般原則 \\
損益計算書原則 \\
貸借対照表原則
\end{array}
\right. \\
企業会計原則注解
\end{array}
\right.
$$

2) 企業会計基準とは？

じゃあ，現在では会計原則はどうなっているんだろうか。先ほど，会計基準の設定は企業会計基準委員会に委ねられているって言ったんだけど，覚えているかな。この組織は，プライベート・セクターの性格を有していて，金融庁の中にある企業会計審議会とは正反対の性格のものなんだ。

パブリック・セクターが会計原則を設定していた時代には，その改正にとても時間がかかっていたんだけど，現在では，何か問題があるとその問題を解決するために，全体を修正するという方法をやめて，個別の会計基準を設定するようになっている。だから，会計基準の設定や改正は，非常にスピーディになっていることは間違いない。そういう形で公表される会計基準のことを「**企業会計基準**」と言っていて，各基準には「企業会計基準第○号」というように番号がつけられているんだよ。

個別の会計基準を設定するようになると，各会計基準間の整合性が保たれないという新たな問題も出てきてしまう。つまり，ある会計基準で規定した内容と，別の会計基準で規定した内容が，同じものを取り扱っているのに内容の異なる規定をしてしまう可能性がある。そこで，その問題に対応するために，「概念フレームワーク」というものを設けているんだ（第6章コラム参照）。

この企業会計基準委員会が作成・公表しているのは，企業会計基準が中心だけれども，それ以外のものも公表されているから，一度，実際にHPをのぞいてみるのもいいかもね（https://www.asb.or.jp/）。誰でも参加できる無料の講演会なんかの案内もでてたりするからね〜。

3)　中小企業会計基準とは？

日本の企業の約250万社のうち，99％は中小企業で占められているよ。これらの大半は，日本国内でのみ経営活動を行っているけど，このような企業群に海外で活動している企業が採用する会計基準を適用する意味はどれくらいあるだろうか？　そう考えると，中小企業のための会計基準というものが必要だといえるよね。

最初に，中小企業という場合，どのような規模の企業を指すのだろうか。会社法では，大会社を，「資本金5億円以上または負債総額200億円以上の株式会社」としているから，それ以外の規模の企業を中小企業ということができるね。これらの企業群の会計を規制する基準としては，2005年に日本税理士会連合会等から「中小企業の会計に関する指針」（以下，指針という）が公表され，毎年のように改正されている。この指針は，会社法における「一般に公正妥当と認められる企業会計の慣行」の1つに該当すると解されているんだ。指針では，その適用範囲として，金融商品取引法の適用会社ならびにその子会社および関連会社，会計監査人を設置する会社を除く株式会社としている。つまり，これらの会社は公認会計士または監査法人の監査を受けるために，会計基準に基づき計算書類を作成しなくてもいいようになっているということだ。また，中小企業における会計情報は，投資家の意思決定支援や利害調整という役割もあるけど，それ以上に，経営者自らが企業の経営実態を正確に把握し，適切な経営管理に役立てることも，会計情報の役割と考えられているということがいえるよ。

しかし，多くの中小企業では，指針は複雑で経営者に理解しにくい，中小企業の商慣習や会計慣行の実態に即していない等の理由から対応が困難なことが明らかになった。また，会計制度の国際化の影響を受け，中小企業の実態に即した会計処理のあり方が検討されはじめ，2012年に中小企業庁等が中心になり

「中小企業の会計に関する基本要領」（以下，要領という）が指針とは別に公表されたんだ。要領の背景には，①中小企業では所有と経営が未分離であること，②中小企業では内部統制機構が未整備であること，③中小企業では会計知識を有した担当者が限られていること，④中小企業ではその利害関係者が債権者（金融機関）や取引先に限定されていることという特性を見出すことができるため，これらに適合した会計基準を用いて計算書類を作成することが，中小企業への社会的信頼を高めることになるということが認識されている。そのため，要領は，①経営者が自社の経営状況の把握に役立つ会計，②特定の利害関係者に情報を提供するための会計，③実務における会計慣行を十分に考慮したうえでの会計，④計算書類作成において過度な負担を課さない会計，という視点から，トップダウン・アプローチによって作成されている。トップダウン・アプローチとは，公開企業が適用する企業会計基準を出発点とし，それを簡素化することで会計基準を形成するアプローチのことだよ。そのため，企業会計基準との一貫性を持たせながら，中小企業に適切な会計処理方法を選別することができるという特徴を有しているといえるね。

　要領では，中小企業の多様な実態を考慮して，その成長のために，会社法における計算書類を作成する際に参照するための会計処理や注記を示すことを目的としている。そこで中心となるのが，「記帳の重要性」だ。これは，経営者が自社の経営状況を適切に把握するために，「記帳」が重要であることを示しているよ。そのため，記帳は，すべての取引につき正規の簿記の原則に従って行い，適時に，整然かつ明瞭に，正確かつ網羅的に会計帳簿を作成することが求められている。

　中小企業会計の今後の課題としては，中小企業会計の制度的確立，中小企業要領の普及・活用，中小企業の計算書類に対する信頼性確保という点をあげることができるけど，これらが解決されるまでには，しばらく時間がかかるだろうね〜。

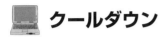 **クールダウン**

✉ イチロー君からの質問メール

吉田先生へ
イチローです。

どこかで，日本の会計制度は，「トライアングル体制」だということを読んだように
記憶しているんですが，これはどういうものなんでしょうか？

よろしくお願いします。

✉ 吉田先生からの返事メール 📎

イチロー君へ
吉田です。

この「トライアングル体制」とは，1990年代に，外国に向けて日本の会計制度を説
明するために用いられたコトバなんだけど，そのまま国内でも用いられています。
簡単にいうと，添付ファイルで示したように，日本の会計制度は，会社法を中心と
する会計の下に金融商品取引法会計と税務会計がぶら下がってトライアングルを形
成しているというものです。

しかし現在では，「連結財務諸表原則」が改訂され，金融商品取引法に従って作成さ
れる連結財務諸表の位置づけが会社法に従って作成される個別財務諸表よりも重要
視されるようになったことで，その関係が維持できなくなってきています。

Y

[添付ファイル]

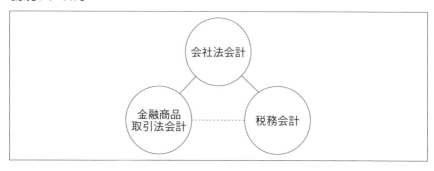

~コラム⚾あと一球~

開示情報の一元化どうなりますか？

会社法では，計算書類と事業報告を株主総会までに作成することになっています。また，金融商品取引法では，有価証券報告書を株主総会後に提出すればいいことになっています。我が国のディスクロージャー制度は，このような2本立ての開示が求められています。これらは，株主および債権者への情報提供，有価証券報告書による十分かつ適時な情報開示という要請に対応できるように構築された制度です。

しかし，会計学を勉強する者からすると，「計算書類」と言ってみたり「財務諸表」と言ってみたり，まぎらわしいことこの上ありません。

それを受けてのことではないでしょうが，2018年12月に，内閣府，金融庁，法務省，経済産業省が，会社法と金融商品取引法の両方の要請を満たす1つの書類を作成して，株主総会に開示することの可能性を探る取り組みに関する報告書「事業報告等と有価証券報告書の一体的開示のための取組の支援について」を公表しました。

これにより，投資家側による利便性の向上や，企業側による業務負担の軽減が予測できるので，両者における記載の共通化や作成プロセスの見直しを通じて，少しは一体的な開示が進むことが期待できそうな雰囲気です。

もう少し，待ってみましょう！

第6章

会計の開国

 ウォーミングアップ ·······························

イチロー　おはようございます。

吉田先生　おはよう。さて，今日は日本の会計が世界の会計と接点を持つように
なったときの話から，今はどうなっているのかについて話をしようと思う。
その前に，今回のタイトルのように「開国」なんていうと，ペリーが浦賀に
やってきたときに「黒船到来！」なんて言われたようだけど，やっぱり世界
の会計が日本にやってきたときにも，国際会計基準のことを新聞は「黒船が
やってきた！」なんて書いていた。でも，ちょっと違うんだな～。まあそれ
は後で話すことにして，野球に関しても同じようなことがあったと記憶して
いる。

　今では，日本人選手が大リーガーになれちゃうけど，戦後，大リーグが
ベースボールを引っさげてオールスターで来日したとき，日本人は驚いたん
だな。というのも，彼らは日本人よりも大
きくて力持ちで，軽くバットを振っただけ
でホームランだし，すごいスピードボール
を投げたからなんだ。大リーグからすると，
今ではアメリカ人選手だけでなく，キュー
バやプエルトリコなんかの中南米からの選
手が来ているけど，大リーグの最初の黒人
選手のジャッキー・ロビンソンが入団した

ときは「黒船」だっただろうと予想できるよ。また，大リーガーが日本に初めて来てから何十年もたって，今度は日本からノモヒデオがドジャーズに入団して，日本人の進化した姿を披露したね。ノモは，オールスターにも先発投手で出場し，ノーヒットノーランも演出したから，大リーガーたちも驚いただろうね。このときも大リーガーは「黒船」と感じたかもしれない。その後のイチローやマツイ，さらにはマー君や大谷たちが活躍しているから，今では違和感はないよね。逆に，日本に来て長く活躍する元大リーガーも出てきたから，日本の野球もベースボールとそん色ないところまで来てるってことかな。

　そこで，国際会計基準は，本当に「黒船到来」なのかを考えながら，今回の授業を進めていこう。そして，今後，日本の会計基準と国際会計基準の関係はどうあるべきなのかを考えるキッカケにするといいだろうね。

1　資金のグローバル化とその影響

　経済が活発になればなるほど，お金を持っている人は，今まで以上にそのお金を有効に利用することを考えるようになるだろう。つまり，新しい投資先を探すってことだね。当然，最初は自国の企業を考えるだろうけれども，ボーダレス化が進んでいる現在では，諸外国の企業を投資先として求めることになっていく。その場合，諸外国の企業が投資先として適しているかどうかを判断することになり，その際に利用するのが財務諸表だね。それを分析して，投資先を決定することになるけれども，ここで大きな問題にぶち当たることになるんだよ。

吉田先生　どんな問題か，ワカル？

イチロー　多分，コトバの壁ですよね。

吉田先生　そう，それも大きな問題だよね。でも，最大の問題は，先進国では，それぞれがすでに自分たちで作った会計のルール，いわゆる会計基準を有していて，それに基づいて財務諸表を作成していたということなんだよ。

　そうしたとき，投資家がいくつかのグローバル企業の財務諸表を見比べて，
「こっちの企業のほうがいいね～」なんて簡単に言えないことに気づくと思う。
なぜなら，財務諸表に記載されている金額の裏側には，必ず会計のルールが存
在していて，それが国ごとに異なっているという現実があるからなんだ。とい
うことは，投資家が最初にやるべきことは，投資先と考える企業が属する国の
会計基準を理解することになってくる。結構，面倒くさい問題になるよね。

　そこで投資家は，「世界共通のルールが存在すれば，悩まなくても済むんだ
けど」と思うんじゃないだろうか。つまり，投資家からすれば，「自国の企業
も諸外国の企業も，共通のものさしとなる会計基準で財務諸表が作成されてい
れば，簡単に比較可能性が得られていいのだけど…」ということになるだろう
ね。

　もし，世界で共通の会計基準に従った財務諸表を作成すればいいということ
になれば，財務諸表を作成する側にとってもメリットは大きいだろう。例えば，
自国の市場で資金調達をするときには，自国の会計基準で作成された財務諸表
を作成し，外国で資金調達をするときには，その国で採用されている会計基準
で財務諸表を作成しなければならないことを考えれば，共通のルールで1つの
財務諸表を作成できるのであればコストを抑えられるね。また，海外にある子
会社に対して経営管理を行う際にも，親会社と同じ基準で処理がなされていれ
ば，それらの数値を比較できることになるため，親会社からのより効果的な政
策決定が可能になるだろう。

　これらのことが議論されてくる中で，その必要性に応じて出てきたのが国際
会計基準というものなんだよ。これって，どういうものなんだろうかね～。

2　国際会計基準とは？

　国際会計基準（International Accounting Standards：IAS）ってのは，1973
年に先進国10カ国の職業会計士団体が集まって設立した国際会計基準委員会
（International Accounting Standards Committee：IASC）が，会計基準の国

際的調和化を目指して作成した会計基準のことを指すんだよ。このIASCには，日本からも公認会計士協会が参加していた。しかし，2000年以降は，いろいろな問題に積極的に対応してくために組織改編をして，国際会計基準審議会（International Accounting Standards Board：IASB）と名前を変えて，国際財務報告基準（International Financial Reporting Standards：IFRS）を公表するようになったんだ。

. . . .

イチロー　先生，スミマセン。2つ質問があります。1つめは，非常に単純ですが，これらの英語の略称はどのように読めばいいんでしょうか？　また2つめは，IASとIFRSの関係って，どう理解すればいいですか。

吉田先生　まず，最初の質問の答えね。IASは通常，「イアス」とか「アイアス」または「アイエーエス」なんて言ってたね。IFRSは，「アイファース」とか「イファース」とか言われていて，統一されていないんだ。2つめの質問だけど，IASがなくなって，すべてIFRSになったわけではなく，まだ有効なIASが残っている中でIFRSが新たに設定されているんだよ。そのため，両者をあわせて「国際会計基準」というのが一般的だけど，この講義では，IFRSで統一することにしようかね。

イチロー　ハイ，ありがとうございます。

. . . .

　IASCは，設立当時から，「世界の資本市場の参加者が意思決定を行うために，透明で比較可能な財務情報に必要な高品質で理解しやすく，利用しやすい1組のグローバルな会計基準」を作成するということを目的として活動してきたんだけど，IASCの設立当初は，公表される会計基準に法的拘束力がなかったことから，どの国も積極的に利用しようとしなかったんだ。それに，各国の利害が衝突して，最終的に公表される会計基準は，どの国でも承認してくれるような複数の会計処理方法を詰め込んだものになって，ある意味，使い途がなかったといえるような代物だったんだ。

　そんな時代が長く続くんだけど，1987年に証券監督者国際機構（IOSCO）が参加して，財務諸表の比較可能性を高めるために会計処理の選択肢を削減す

るためのプロジェクトを進めることになったんだ。それによって，国際会計基準は公的組織のお墨付きをもらうことになり，同時に使い勝手がいいものになって，少しずつ世界で認められはじめたんだよ。その後，2002年にアメリカの会計基準設定主体である財務会計基準審議会（FASB）とIASBは，それぞれの会計基準を統合するための合意，いわゆる「ノーウォーク合意」を交わすことで，両者の会計基準間に横たわる差異を解消しようと試みたんだ。その結果，2007年以降，アメリカ証券市場に上場している外国企業は，IFRSで作成された財務諸表を証券取引委員会（SEC）に提出できるようになったんだな。また，2005年以降，EU域内の証券市場に上場している企業は，連結財務諸表をIFRSに基づいて作成することが義務づけられたことで，IFRSの地位はさらに大きく前進することになったんだ。

3　日本とIFRS

　今では，企業会計基準委員会（ASBJ）から新しい会計基準が公表されると，必ずと言っていいほど「国際会計基準とのコンバージェンス」という説明がなされるほど身近にIFRSを感じることができるけど，最初からそうだったわけではないんだよ。ちなみに，ここにいうコンバージェンスは一般に「収れん」と訳され，自国の会計基準の中にIFRSを取り込むことで両者の相違点を解消していこうとする方法のことだ。

　すでに説明したように，2005年にEU域内の上場企業にはIFRSが強制適用されることが決まったけど，EUの証券市場で資金調達をしている日本企業は，日本基準で作成した財務諸表を受け入れてもらえるのかどうかという不安を抱えることになったんだ。そこで，公官庁，経済界，職業会計団体，会計基準設定主体，学界等が連携してこの難局を乗り切るための努力を重ね，2007年，欧州証券規制当局委員会（CESR）が，日本基準で作成した財務諸表とIFRSで作成した財務諸表からは投資家が類似の意思決定をすることが可能と判断し，日本の会計基準にIFRSとの同等性評価を与えてくれたおかげで，EUでは日本基準で作成した財務諸表を受け入れてもらえるようになったんだ。その努力の一環として行われたのが，IFRSと日本基準のコンバージェンスを加速化す

るためのプロジェクトである「東京合意」なんだよ。

　そんな中，国内外の環境の変化を受けて，企業会計審議会では会計基準を巡る国際的動向を中心とする検討を行い，2009年に「我が国における国際会計基準の取扱いについて（中間報告）」（以下，中間報告）を公表したんだ。そこでの結論は，一定の条件を満たす上場企業の連結財務諸表に関しては，IFRSの任意適用を認めるというものだ。つまり，IFRSで作成された連結財務諸表を提出してよいということを認めるということだね。

　その後，企業会計審議会は，IFRSに関する議論を受けて，会計基準の国際的調和，単体の取扱い，中小企業等への対応，任意適用の要件等を検討し，2013年に「国際会計基準（IFRS）への対応のあり方に関する当面の方針」（以下，当面の方針）を公表したよ。これは，現在の日本におけるIFRSに対する姿勢を示す重要な報告書といえるんじゃないかな～。この当面の方針では，任意適用要件の緩和，IFRSの適用の方法，単体開示の簡素化についての考え方が整理されたんだ。特に，任意適用に関しては，IFRSの適用により同業他社との比較可能性を高めることへのニーズの高まりから任意適用の要件を緩和し，IFRSに基づく適正な財務諸表を作成する意欲と能力を有する企業がIFRSを適用できるような制度上の改善を図るべきであるという主張に基づく改正を行ったといえる。これにより，IFRSを採用する企業が増加するとも予想されるので，そのことによってIFRS設定の場において日本の発言力が強まるとまで言い切っているよ。

　2015年には，IFRS任意適用企業への実態調査・ヒアリングを実施して，IFRSへ移行した際の問題点をどのように乗り越えたのか，また移行によるメリットとしてどのようなものがあったかをまとめた「IFRS適用レポート」が，金融庁から公表された。さらに，任意適用企業の拡大を促進するために，東京証券取引所は2015年以降の決算短信において「会計基準の選択に関する基本的な考え方」を開示することを上場企業に要請しているけど，どの程度の効果を発揮しているかね～。ちなみに，採用予定を含むと，2019年現在，日本におけるIFRS適用企業は約200社になっているけど，これって多いの少ないの？

4　国際会計基準の特徴

　IFRSは，実は日本の会計基準と異なる性格を持っているんだ。だから，「黒船がきた！」といわれるのかもしれないな～。そこで，その特徴を簡単に説明することにしておこう。

　IFRSと日本の会計基準を比較した場合，大きく3つの点から特徴を説明することができる。1つめは，どのような考え方に基づいて会計基準を設定しているか。2つめは，どのようなアプローチを採用しているか。3つめは，何を重視しているかだ。

　1つめのどのような考え方に基づいて設定されているかだけど，日本の会計基準は，細かいところまで踏み込んで基準として決められているという特徴を持っていて，このような考え方を「細則主義」といっている。これに対して国際会計基準は，あまり細かい部分まで規定せずに，基準の基礎となる原則を設け，実質的な判断は実務に委ねるという「原則主義」を採用している。当然，法制度，経済慣習，文化などの異なる国で利用できるようにするためには，この考え方でないと受け入れられないことは言うまでもないように思うけどね。

　2つめのどのようなアプローチを採用しているかについてだけど，日本ではこれまで損益計算書を重視した「収益費用アプローチ」を採用してきたんだ。これに対して国際会計基準は，貸借対照表を重視する「資産負債アプローチ」を採用しているといえる。前者は，収益と費用を中心概念として考えそれを基礎に利益計算を行おうとするアプローチで，取得原価による測定と結びついているといえる。後者は，資産と負債が中心概念となり，それらの変動をベースにして利益計算を行おうとするアプローチで，公正価値による測定と結びついているといえる。つまり，「適正な期間損益計算」と「経営実態の開示」の違いだともいえるね。ただし，近年公表されている日本の会計基準を見ると，資産負債アプローチの考えを取り入れてきていることを発見できるよ。

　3つめの何を重視するのかについては，2つめのアプローチと関係しているんだけど，日本では伝統的に「当期純利益」に重点が置かれていたといえる。そのため，収益から費用を差し引いたものが期間損益として計算される利益計

算が重視されてきたけれど，国際会計基準では資産と負債に着目してその差額から純資産を計算し，純資産の増減額で計算された「包括利益」を重視するという姿勢が明らかにされたんだ。実は，この包括利益に関しては，「東京合意」の中で取り上げられた1項目だったんだよ。第3章の「クールダウン」でも触れたけど，結果として，連結財務諸表では，損益計算書に追加される形で包括利益計算書が作成されることになったんだ。ただし，それによって当期純利益の重要性が低くなったということではないから，間違わないようにしてね。

6―1 ● IFRSと日本基準

	IFRS	日本基準
基準の特徴	原則主義	細則主義
アプローチ	資産負債アプローチ	収益費用アプローチ
目的	経営実態の開示	適正な期間損益計算
重視する利益	包括利益	当期純利益

5　将来に向けて

1)　IFRSへの対応

　IFRSを自国に導入しようとする場合，大きく分けて2つの方法があるんだ。1つは，「コンバージェンス」という方法で，すでに説明したね。もう1つは「アドプション」（採用）といい，自国の会計基準としてIFRSを承認していく方法だ。ただし，この場合は，IFRSがそのまま採用されるというのではなく，各国の規制当局などが自国の会計基準として採用するかどうかを検討・承認する「エンドースメント」という手続きを経るのが一般的になっているんだ。この点について，先に説明した「当面の方針」では，IFRSをそのまま受け入れるのではなく，必要に応じて一部の会計基準等を削除または修正して採択するというエンドースメントの提案がなされているよ。

　このエンドースメント・アプローチを採用する場合，「あるべきIFRS」または「我が国に適したIFRS」というものを模索して，日本版に修正したIFRS

を提示しなければならないことになる。つまり，日本版に修正したIFRSは，国際会計基準と日本基準の内容が著しくかけ離れている場合などに日本企業が利用しやすいように修正したものということになる。そのような考えに基づいて，2015年に企業会計基準委員会から公表されたものが「修正国際基準」なんだ。

　これにより，金融商品取引法に従って連結財務諸表を作成する場合，日本基準，米国基準，いわゆる国際会計基準を指す指定国際会計基準および修正国際基準という4種類の会計基準が利用できるようになったことになるんだけど，他社との比較可能性の確保という観点からすると，悩ましい問題に直面する状況だともいえることがわかるだろう。そのため，将来的には情報の利用度から，2つくらいに収束していくだろうね。

2)　連結財務諸表と個別財務諸表の関係

　国際会計の話題を扱うと，どうしても連結財務諸表の問題になっちゃうね。コンバージェンスの議論が白熱する中，個別財務諸表の扱いについての議論は置き去りにされちゃっているように感じるけど，それもそのはずで2009年の中間報告で「連結先行論」が主張されているからだろうね。

　しかし，連結財務諸表を作成する際には，親会社の個別財務諸表に連結子会社の個別財務諸表を合算することになるため，個別財務諸表の扱いを無視するというわけにはいかないんだよ。つまり，親会社がIFRSに基づき財務諸表を作成している場合，連結子会社も同様にIFRSに基づいて財務諸表を作成するほうが，理にかなった考えだということなんだけど，それほど簡単なことではないようにも思う。連結財務諸表と個別財務諸表を切り離して，財務諸表の表示だけを取り上げて「連単分離」といっているようだけど，会社法や法人税法は個別財務諸表を前提にして配当規制や課税を規定しているから，将来においてはこれらの法律を巻き込んだ大掛かりな議論に発展するんじゃないかと思うんだけどね～。

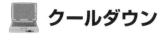
クールダウン

✉ イチロー君からの質問メール

吉田先生へ
イチローです。今回も，ありがとうございました。

1つ気になった点があるのですが，今度，私が継承するような中小企業にも国際会計基準が適用されることになるのでしょうか？　もし適用されるようなことになると，タイヘンなことになるような気がしますが，いかがでしょうか？

よろしくお願いします。

✉ 吉田先生からの返事メール

イチロー君へ
吉田です。

当然，気になる問題ですね。

国際会計基準は，基本的に，上場企業が対象で連結財務諸表を作成するということですから，上場していない企業は気にする必要はないというのが一般的な答えになります。
ただ，「5　将来に向けて」の中でも説明したように，親会社がIFRSで連結財務諸表を作成していて，連結される子会社の個別財務諸表が日本独自の会計基準で作成されていると，連結する際に手間がかかることになりますね。そういうこともあるため，IASBでは2009年に「完全版 国際会計基準（full IFRS）」を簡素化した基準として，「中小企業のための国際会計基準（IFRS for Small and Medium-sized Entities）」を公表して連結手続きを行いやすいようにしているのです。

Y

～コラム⑪あと一球～

概念フレームワークは必要ですか？

現在，日本では，会計のルールを定めるにあたり，「企業会計原則」を設定する際に用いていた「帰納的アプローチ」ではなく，財務会計の前提となる基礎概念や目的を最初に設定して，それに基づいて会計基準を設定する「演繹的アプローチ」が採用されています。このアプローチを実践するための理論的枠組みを「概念フレームワーク」と呼んでいます。つまり，概念フレームワークは会計基準ではありませんが，会計基準を設定する際の前提となる基本的な考え方を体系的にまとめたものと言えます。

日本では，2006年に企業会計基準委員会から「討議資料 財務会計の概念フレームワーク」が公表されていますが，IASCからも，1989年に「財務諸表の作成及び表示に関するフレームワーク」が公表され，2010年以降は，IASBによって「財務報告のための概念フレームワーク」に順次，改訂されています。これらの概念フレームワークでは，企業会計の目的は投資家などの意思決定に有用な情報を提供することにあると明示していますが，国際財務報告基準の設定の場合，諸外国の利害が衝突する中で一貫した基準の開発を行うためにも，概念フレームワークはなくてはならないものとなっています。

第7章

会社で生じるコスト

 ウォーミングアップ ·····························

イチロー おはようございます。今回から話の内容が今までと少し変わると聞いていますのでワクワクしています。よく見ると鈴木先生の研究室の本は，吉田先生のところにあるものとはだいぶ違うような気がします。

鈴木先生 今回からは，野球でいえば後半戦になる。そのため，君の言うように少し話の内容が違ってくる。よく聞くように。さて，今までは商業を営む会社の話が中心だったが，世の中にはモノづくりという大事な仕事があるよ。モノづくりは新しい価値を生み出す源泉だといっても過言ではない。企業では，利益を上げるために売上を伸ばす努力と同時に，コストダウンというコトバを聞いたことがあると思うけれども，いかにコストを抑えるかを考えて実践しているのだよ。そこで，今回は製造の現場で発生するコストの問題について話をすることとしよう。

　では，野球で使うバットを例にしてその点を説明してみよう。プロ野球の選手が使うバットのほとんどが，今ではメープルという木から作られている。選手によっては，1シーズンで数本のバットしか折らない者もいるが，何ダースものバットを折ってしまう者もいる。消耗品だから丈夫で安いほうがよいと考えて，規格品を使う給料の安

い選手もいるだろうが，このバット，職人にリクエストして1本1本ていねいに仕上げてもらう給料の高い選手も多いのも事実だ。

ところで，1本のバットを作るのに，どのようなコストがかかっているのだろうか。当然，バット製造にかかったコストに利益部分を加えた金額が一般に販売されている価格で「定価」と言われ，販売価額とも言われている。売り手としては，この利益部分を割り込まない限り，割り引いて販売しても問題ないと考えるものなのだ。

さっきも言ったように，1本のバットを作るためには，次にあげるコストが関わることになる。まずは，その材料になるメープルの木を調達し，乾燥させてバットとして耐えられるまで保管しておかなければならないから，これらの原材料にかかるコストが考えられるだろう。そして，職人がそれに手を加えて製品にするための人件費もコストもかかる。また，機械で時間をかけて慎重に削るため，工場とか機械の電気代も発生することになる。それらがすべて，1つの製品のコストになるということなんだな。

イチロー君のお父さんの会社でも，いろいろな部品を組み立てて1つの製品を作り上げているから，この流れは何となくイメージできるんじゃないかな。新しい価値を手にするためには，何かの価値を犠牲にすることが不可欠になる。この価値の犠牲がコストだと考えてみてほしい。ちょうど，1塁走者を2塁に送るためのバントのようなものだな。バントは犠打とも言うからね。この犠牲があって新しい価値が誕生し，利益を手にすることができるのだ。ただし，バント失敗にならないように注意して。でないと，監督である経営者が怒っちゃうからね！

....

1　コストとは？

早速，「コストとは何か」から始めましょう。自動車は2万点から3万点の部品で成り立っているといわれています。そこで，その主要部品であるエンジンやシャシーを製造するにもたくさんの資源や人手，サービスを消費するわけだね。これらの消費額がコストになるというわけだ。なお，会計学の世界では

コストを「原価」と表現することが多いので，今後は「原価」と言おうかね。
なお原価と似たコトバに「費用」があるが，これは後で説明しましょう。

　さて，企業経営では製品を製造したり，仕入れた商品を販売するのに伴って，
材料や労働力，あるいは売上原価などのさまざまな価値が犠牲になります。こ
れらは売上という収益によって回収されるから，企業はこの犠牲をできるだけ
少なくして，利益を高めようとする。商業であればできるだけ安く商品を仕入
れ，製造業の場合なら製品の製造に必要な原材料，労務費などを低く抑え，製
品を安価に製造しようとする。そうすれば，たとえ売上高が増えなくても利益
を増やすことができるわけです。

　このように原価は商業でも発生しますが，製品を製造する現場ではたくさん
の原価が発生します。製造から生じる原価の計算は複式簿記の上で行われます
が，この簿記を特に工業簿記と呼ぶのです。第2章では商業簿記について勉強
しましたが，工業簿記では工場における製造の過程で価値がどのように変化し
たかを記録するので，その分だけ簿記の仕組みが複雑になるのです。

・・・

イチロー　商業簿記もまだ十分に理解していないのですが…。

鈴木先生　今回の特別授業が終了したら，次のステップで工業簿記にじっくり
　挑戦してもらうことにして，ここでは立ち入りません。
・・・

　また，製造の過程において発生した原価を記録し，製品の製造原価を計算す
ることは，売上原価の額を表示する損益計算書だけでなく，棚卸資産としての
製品の金額を表示する貸借対照表を作成するためにも欠かすことができない作
業です。さらに，会社は原価の発生を記録し，利用することによって経営の能
率を上げて利益のでやすい企業体質にする必要もあります。

2　原価の種類

　製造の現場で発生する原価には，大変多くの種類があります。まず，費目別
に材料費，労務費，経費に分類されます。また，発生した原価が製品とどのよ

うな関係を有するかという観点から，直接費と間接費に分類されます。また，原価の発生が営業量とどのような関係を有するかという観点から，変動費と固定費に分類されます。さらに，いつ計算をするかという観点から，実際原価と標準原価に分類されます。まとめると次のようになります。

① 費目からの分類…材料費，労務費，経費
② 製品との関連からの分類…直接費，間接費
③ 営業量との関連からの分類…変動費，固定費
④ 計算する時点からの分類…実際原価，標準原価

では，順に見ていきましょう。まず①の費目からの分類。原価は材料費，労務費，経費の3つの費目別に計算し，集計されます。これらの材料費，労務費，経費は「**原価の3要素**」と呼ばれ，原価計算上，非常に大事な原価概念です。

まず，材料費とは，製品を構成する原材料などの財貨を消費することによって生じた原価で，これには自動車会社でいえば，鋼板やプラスチックなどの主要材料費（素材費とも言います），タイヤ，窓ガラスなどの買入部品費，さらに潤滑油や紙やすりなどの工場消耗品費があります。

労務費は，工場で製品を製造するために労働力の対価として工員に支払われる人件費で，これには賃金，給料，雑給などがあります。本社の事務や営業を行う社員の人件費は「販売費及び一般管理費」という仲間で，製造原価としての労務費には入らないことに注意してください。

さて，最後の経費だけれども，これは「材料費および労務費のいずれにも属しない原価」と定義されています。言ってみれば「その他」という，消極的な分類ですね。これには，製品を製造するために支払われる外注加工賃，特許権使用料などの実際に現金の支払いが行われるもののほか，機械・設備，建物などの減価償却費のように現金の支払いが伴わないものもあります。

②の製品との関連からの分類。原価はその発生が特定の製品の製造と直接関連を有するかどうかで，直接費と間接費に分けられます。つまり，原価の発生が特定の製品の製造に直接結びつけることができるものを**直接費**といい，これに対して，製品とのつながりが薄く直接結びつけられないもの，すなわち複数の製品を製造するために発生し，それぞれの製品の製造のためにどれだけ消費

したかを直接的に明らかにできないものを**間接費**と呼ぶのです。

　先の材料費と労務費には直接費になるものと間接費になるものとがありますが，経費は外注加工賃を除き大部分が間接費となります。例えば，電気製品のメーカーで，A，B，Cの大きさや性能の異なる3種類の冷蔵庫を製造しているとする。機械を動かしたり工場を照明する電力料，機械・設備の減価償却費などの間接費はその発生額をA製品にいくら，B製品にいくら，C製品にいくらと製品ごとに直接的に結びつけることができないので，一定の配賦基準によって各製品に割り当てることになります。そこで，間接費は各製品を製造するためにかかった直接作業時間数，機械運転時間数あるいは直接労務費額などを基準にして各製品に配賦することになるのです。

7—1 ● 製造間接費の配賦

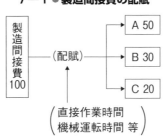

　③の営業量との関連からの分類。原価にしても費用にしても，会社の営業活動の規模，すなわち工場の操業度や売上高などの営業量の変化に比例してその発生額が変動するものと，発生額が変化しないで一定額であるものとがあります。前者を変動費，後者を固定費と呼ぶのです。変動費には，自動車メーカーであればタイヤの使用量があるでしょう。これは，直接材料費でもあります。固定費には，間接経費である電力料や機械・設備の減価償却費などがあります。

　材料費のうち製品の主要な部分品，労務費のうち作業量で支払われる出来高給の部分などはこの変動費といえますが，間接費と呼ばれるものや，経費の大部分は固定費となります。

　変動費と固定費の発生のようすを営業量との関係で見てみましょう。

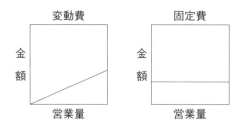

7－2 ● 変動費と固定費

変動費

金額

営業量

固定費

金額

営業量

注意しなければならないのは，この区別は費目とは関係ないということです。例えば，パートやアルバイトなど時間給の作業員の給料は変動費に，正規の作業員の給料は固定費になることがあり，また交通費を例にすれば，乗車の際いちいち切符を購入する場合には変動費に，定期券を利用する場合は固定費になるという具合です。

そして最後に，④の計算する時点からの分類。原価はその計算をいつするかによって，実際原価と標準原価に分けられます。作業の進行に合わせて，実際に発生した原価を実際原価といいます。これに対して，作業に先立ち一定の前提を立てて，これを基礎としてあらかじめ予定計算した原価を標準原価と言います。これについての詳しい話は，次でしましょう。

3　原価計算の種類

原価にはいくつもの種類があるように，原価を計算する方法にもいくつもの種類があるのです。①実際原価計算と標準原価計算，②総合原価計算と個別原価計算，③全部原価計算と部分原価計算などです。

①　これらのうちで最も基本的な実際原価計算から話を始めましょう。野球のグローブ1個を作るために，原価が実際にいくらであったかということを知るためには，グローブの製造のために発生した原価を材料費・労務費・経費として費目別に集計し，次にそれらの原価が発生した部門別に集計し，最後に製品ごとに原価を計算することになります。すなわち，次の3段階の流れで計算が行われるのです。

7―3 ●原価計算の3段階

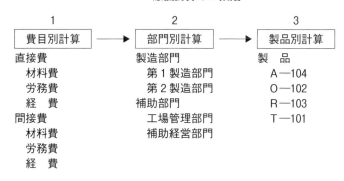

　費目別計算では，製造のために発生した原価を材料費・労務費・経費の費目別に集計し，さらに直接費と間接費に分けます。部門別計算では，費目別に集計された原価のうち間接費を，発生した部門ごとに集計します。この計算では，先に述べた製造間接費の部門別配賦が行われます。最後の製品別計算では，製造している製品別に原価を集計し，製品ごとの原価を明らかにします。

　工業簿記ではこの流れに沿って原価の発生を取引として仕訳し，それに従って元帳記入を行い，以下のように順に原価の集計を行っていくことになります。工場において原価，費用がどのように集計されていくかを簡単に示すと，次のようになります。

7―4 ●原価の集計

材料費	間接材料費	製造間接費	販　売　費	総原価	販売価格
	間接労務費		一般管理費		
	間接経費		利益		
労務費	直接材料費	製造直接費			
	直接労務費				
経費	直接経費				

以上のように，製品を製造するために実際に発生した原価を記録し，集計する計算方法が実際原価計算で，「実際価格×実際消費量」として行われます。

　次の**標準原価計算**では，ある作業について合理的な動作はどうあるべきか，どれほどの原材料が必要か，そしてどれだけの時間がかかるかを事前に科学的に調査します。このような調査を動作研究，時間研究といいます。このような科学的調査によって確認された合理的作業のもとで製造された製品の1個当たりの標準的な目標とする原価を予定計算し，これを原価標準と呼びます。この製品1単位当たりの原価標準に生産数量を掛ければ，標準原価が求められます。

　②　次に，製造の現場が，どのような製品をどのように製造するかによって，原価計算の方法も変わってきます。総合原価計算と個別原価計算です。

　工場で，一般の食料品，衣料品，電気製品，自動車などの消費財などを連続して大量に製造する場合，発生した原価のすべてを集計する計算方法が総合原価計算です。総合原価計算では，1原価計算期間に発生した原価の総額を生産量で割って単価を計算すればよいのです。

　これに対して，注文を受けて製造を開始することがあります。建築，電車，造船などでは個別の注文に応じて，製品がどのようなもので，それをどのように製造するかを指示する製造指図書が作成され，これに基づき製造を開始します。個別原価計算とは製品ないし製品グループに対して，発生した原価を個別に集計する計算方法だと言ってよいでしょう。

　③　最後が全部原価計算と部分原価計算です。全部原価計算は，製品の製造のために費やした原価のすべてを集計して製品の原価とするものです。

　他方，一部の原価だけを集計して製品の原価とするのが部分原価計算です。この部分原価計算の代表が直接原価計算です。直接原価とは変動費のことで，要するに変動費を集計して製品の原価とするものです。では，除外された固定費はどうなるか？　その期の費用として処理するのです。

　この2つの計算の違いが貸借対照表，損益計算書に及ぼす影響について考えてみてください。ちょっと難しいかな。

4　製造原価報告書··

イチロー　先生，製造の現場で発生した原価は製品の製造原価になることはわかりましたが，その後はどうなるのでしょう。

鈴木先生　ウ～ン。その点を押さえることが重要だな。製品は販売された分は売上原価として損益計算書に記載されるし，売れ残った分は棚卸資産として貸借対照表に記載される。したがって，製造原価が正しく計算されているか否かは，財務諸表の信頼性に大きく影響する。そこで，損益計算書の附属明細書として製造原価報告書（製造原価明細書ともいう）が作成される。また，これは製造現場の管理のためにも重要な情報となるのだ。

··

　製造原価報告書は，当期に製品の製造にかかった材料費・労務費・経費を記載して当期の総製造費用を示し，これに前期から繰り越した期首仕掛品の有高を加えて，当期末に未完成の期末仕掛品の有高を差し引き，当期の製品製造原価を表示しています。なお，ここで「仕掛品」とは，決算のときにまだ製造の途中にあって，完成品になっていないものをいいます。未完成であっても，材料，労働力などの資源が含まれているので，資産として扱います。

7−5 ●製造原価報告書

（単位：百万円）

科　　目	第××期 20X1.4.1～20X2.3.31	
	金　額	構成比%
Ⅰ　材　　　料　　　費	20,000	50.0
Ⅱ　労　　　務　　　費	12,000	30.0
Ⅲ　経　　　　　　　費	8,000	20.0
当　期　総　製　造　費　用	40,000	100
期　首　仕　掛　品　等　棚　卸　高	1,000	
期　末　仕　掛　品　等　棚　卸　高	△1,200	
当　期　製　品　製　造　原　価	39,800	

製造原価報告書に記載されている内容は，そのまま仕掛品勘定で処理されます。そこに示される当期製品製造原価は完成品を示していて，それは製品勘定へ振り替えられます。その後の流れは，商品の仕入勘定と同じです（☝3—2参照）。

7—6 ●製造原価と売上原価

仕掛品		製品		売上	
期首仕掛品棚卸高	当期製品製造原価（完成品）	期首製品棚卸高	売上原価	売上原価	売上高
当期製造費用（材・労・経）	期末仕掛品棚卸高	当期製品製造原価	期末製品棚卸高	利益	

 # クールダウン

✉ イチロー君からの質問メール

鈴木先生へ
イチローです。本日はありがとうございました。

原価と費用というコトバがでてきましたが，どうも違いがわかりにくいのですが。

また，変動費・固定費といいますが，すべての原価・費用はそんなにうまく二分できるのですか？　変動費と固定費の中間の原価もあるような気がしますが…。

✉ 鈴木先生からの返事メール

イチロー君へ
第1の質問。説明しようと思っていながら，つい忘れてしまいましたm(_ _)m。期間損益計算では，期間収益と期間費用を対応させて利益を計算しますね。費用

（expense）とは，ある期間の売上高という収益を獲得するための価値の犠牲という意味です。これに対して，原価（cost）は製品，サービスに関連づけられる価値の消費を言います。価値の犠牲という意味では同じですが，費用は期間と，原価は製品やサービスという対象と結びついていると理解すればよいでしょう。

第2の質問。イチロー君が言うように，変動費と固定費とに二分することは実際には容易ではないのです。例えば水道光熱費は一定量までは固定費，それを越えると段階的に増加する。変動するにしても直線的に変動するものばかりではないでしょう。すなわち，正確には変動費でも，固定費でもないというものが大部分かもしれませんね。しかし，利益計画を立てるためには，2つに分類することが必要なのです。したがって，ある操業度までは固定費，それを越えた部分は変動費として，あるいは変動が曲線を描く場合には，ほぼ直線とみなして変動費として取り扱っているのです。

鈴木

～コラム⚾あと一球～

個の損益と全の損益とがある？

時は鎌倉時代。青砥藤綱（あおとふじつな）という幕府の御家人が，ある夜，滑川という川にかかる橋を渡っていた折，10文の銭を落としました。彼は家来に50文の松明を買ってこさせ，銭10文を探させたそうです。これを聞いたある者が，藤綱のことを「50文払って10文探すとは，銭勘定の出来ない愚か者だ」とあざけったのです。これに対して，藤綱は，「50文の松明を買えば，松明を作る者，松明を売る者にその富がめぐるが，銭が川に沈んだままだと10文は永久に失われたままになる」と言ったそうです。
ある行為の損益計算には，個（企業）と全（社会）とで，結果の異なる2つがあることをこの逸話が教えてくれています。なかなか示唆深い話ではありませんか。

第8章

経営者を助ける会計

 ウォーミングアップ ·································

イチロー　おはようございます。

鈴木先生　おはよう。さて，前回は特に製造の現場を中心にして会計を見たけ
れども，今回は会社の方向性・将来性を決める経営者の立場と会計の関係を
見てみることにしよう。経営者も利害関係者の1人だけれども，会社の内部
の人間だからいろいろな情報に接することができ，それに基づいてさまざま
な意思決定を行うことが求められるんだよ。

　大リーグでは，オーナーが球団経営者，いわゆるGM（ジェネラル・マ
ネージャー）を雇って球団経営に携わってもらうことになる。球団がどのよ
うな戦略で勝利をつかむかをはっきりさせるために，的確なGMを採用する
ことが大切なんだ。これは，アメリカの会社でいえば最高経営責任者
（CEO）であり，日本の会社だと経営者ということになるよね。日本でも，

かつて千葉ロッテやオリックスが野球経験
のあるGMをおいたこともあるけれども，
どうも風土になじまなかったみたいで，今
では単なる役職の1つみたいに考えられて
いるようだね。

　このGMが最初にしなければならない仕
事は，優秀な監督を採用することだ。そし
て，採用した監督と相談して，監督の目指

す野球ができる選手を集めることもGMの仕事だよ。例えば，ニューヨーク・ヤンキースのようにお金をたくさん持っていて，実績のある有名な選手に大金を出して獲得する金持ち球団もあれば，人件費にそれほどお金をかけられない貧乏球団もある。お金があれば，すでに好成績を上げている有名選手をトレードやFAで獲得できる。でも，貧乏球団にすれば，安い年俸で新人選手や潜在力はあるけど埋もれている選手にメボシをつけて，大きく育てて高く他球団へ売りに出す方法で次の資金を確保するしかない。こんなことやってると，「いつまでたっても勝てないんじゃない？」って誰でも思ってしまうけどね。

　でも，少し視点を変えるだけで，互角またはそれ以上に金持ち球団と渡り合えることを証明した球団もあるんだ。ドラフトでは，どのスカウトも見向きもしない選手を，別の視点から評価して安く入団させる。数年後に，いい結果がでた時点で，他球団にトレードする。これって，GMの手腕にかかっていると言っていい。GMも監督と同じで，成果がでなければクビになるという状況は同じだからね。だから，リスクを負うのはしょうがない。これも，業績を伸ばすことができない会社経営者が，株主総会で解任されるのと同じだよ。

　GMがいかに勝つかを考えて選手をそろえる努力をするのと同様に，経営者は少ない資金でいかに効率よく利益を上げられるかを，絶えず考えている。でも，究極的には，利益を上げる方法は2つしかないからね。1つは，入ってくるもの（収益）を多くするための努力であり，もう1つは出て行くもの（費用）をできるだけ少なくするための努力だよ。特に，今回取り上げる「経営者を助ける会計」は企業内部で用いられる会計だから，いろいろな観点から企業の戦略を検討して，できるだけムダを省いて出ていくものを少なくする努力と，できるだけ少ない努力で最大の成果をあげるための戦略を決めるために，会計数値が有効に利用されていることを学ぶことにしよう。

1　経営者を助ける会計とは？

　さて，今回のテーマは会計学でもあり，経営学でもあるという「管理会計」という分野の話です。会社の経営管理者が正しい判断をできるよう，支援をするための情報を提供するのが管理会計です。その意味で，「管理会計は経営者を助ける会計」といってもよいでしょう。

　すでに学んだ財務会計と比較し，管理会計がどう異なるか，いくつかの観点から整理しておきましょう。

　まず，会計情報の利用者の観点から見てみましょう。財務会計情報の利用者は外部の利害関係者といわれます。これに対して，管理会計情報の利用者はその会社の経営管理者に限られるので，内部の利害関係者といわれます。彼らは合理的な経営管理のために情報を利用し，これを社外に提供することは原則としてありません。したがって，財務会計には社会の構成員である利害関係者の利害調整を図るという社会的任務があり，これは公的会計といわれますが，管理会計はあくまで企業の私的会計であるといわれるのです。

　次に，会計実体というと少し難しいのですが，これは会計が行われる「場」を示し，会計単位といわれます。財務会計の場合には「その企業」ということになりますが，管理会計では企業自体のほかに，工場や営業所などの部門，製品，あるいはプロジェクトを会計実体として，会計数値を集めて部門の責任者，製品さらにプロジェクトの収益性を明らかにします。すなわち，財務会計では期間的に企業全体の収益や費用が対応されていたのに，管理会計ではセグメント別に収益や費用が対応されるということになります。

　最後に情報提供のタイミングですが，財務会計は，早くても決算が終わって3カ月ほど経過した後で情報が提供されるため，過去情報といえます。しかし管理会計では，過去の情報を使うこともありますが，意思決定のために利用するのは，将来の環境，会社の将来のあるべき姿や能力を織り込んだ情報でなくてはならないのです。このように，管理会計では，将来情報を利用するという特徴を有しています。

要するに，**管理会計**は，財務会計のように会社法や会計基準などによって規制されるものではなく，経営管理者の任意とされています。また，いくつかの部門ごと，製品ごと，プロジェクトごとに会計数値を集計してそれぞれの収益性，目標の達成度を明らかにします。そのため，収益，費用もセグメントごとに集計されることも特徴的と言えます。

8 ― 1 ●財務会計情報と管理会計情報

財務会計情報	観　点	管理会計情報
外 部 利 害 関 係 者	利 用 者	経 営 管 理 者
投 資・融 資 の 判 断 等	利 用 目 的	経 営 意 思 決 定
公 的 会 計	社 会 性	私 的 会 計
企 業	会 計 実 体	セ グ メ ン ト
期 間 的 対 応	収益費用の対応	セ グ メ ン ト 別 対 応
過 去 情 報	特 質	将 来 情 報

さて，会社は人が集まって仕事を分担しながら業務を遂行しています。このような目標を持った人の集まりを組織といいます。組織は，M&Aや設備投資など企業の長期的かつ基本的な問題について意思決定する経営者すなわちトップ・マネジメント，すでに設定された計画に従って生産や販売などの日常の活動を管理するミドル・マネジメント，現場で日々の生産，販売の遂行状況を管理し，指示するロワー・マネジメントの経営管理者の各階層に分けられます。

トップからロワーまで，それぞれ経営管理者が経営管理を担当するといっても，その業務内容には相当の違いがありますから，必要となる情報も内容的に大きな違いがあります。例えば，トップの階層では資本と利益の関係，すなわち投下資本の効率が重要になります。ミドルの階層になると収益と費用，そしてこれらの差額である利益が重要です。また，ロワーの階層では，現場で発生した材料の消費数量や原価，特定の商品の販売個数などの会計数値が重要です。

8 ― 2 に示したように，トップ，ミドル，ロワー各階層の上に行くほど意思決定の権限が大きくなり，それに伴って責任も大きくなるということです。

8 — 2 ●管理階層

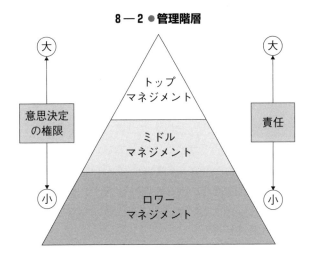

では次に，管理会計の具体的機能を見ていくことにしましょう。この先，数年間にわたる長期利益計画の最初の 1 年分として設定されるのが短期利益計画で（利益管理），これに基づいて各部門の実行計画として予算が編成されます（予算管理）。さらに，工場など製造現場における作業のムダを排除する管理手段が標準原価計算です（原価管理）。8 — 3 を見ると，3 つの管理機能のうち上部に「計画」機能が，下部に「統制」機能が強いことがわかります。

8 — 3 ●管理会計の機能

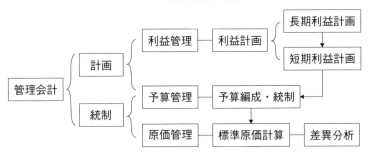

2 原価管理

　「**原価管理**」とは，原価による経営管理ということです。すでに「第7章
会社で生じるコスト」で説明したけれど，この原価とは主に製造原価のことで，
製造の現場で製品の製造のために発生する原価が標準額を上回らないようにす
ることです。製造原価について標準と実際とでどれだけ差異が生じたかを明ら
かにするために，標準原価計算と実際原価計算が行われます。これも前章で学
んだことですが，標準原価とは，ある製品を製造するために合理的，能率的に
作業を行った場合に達成できる，達成すべき目標となる原価の水準です。

　目標とする原価の厳しさによっていくつかの標準原価がありますが，管理に
利用する場合，適度の努力で達成できる水準に定めなければ意味がありません。
厳しすぎて，チャレンジ心を失ってしまうような高い水準でも，努力しなくて
も容易に達成できてしまうような甘い水準でも具合が悪いのです。

　標準原価は，実際原価計算で明らかになった実際の製造原価と比較してその
差異（原価差異という）を確認し，差異の原因を究明し，その後の努力によっ
て標準の達成につなげることに意味があります。**原価差異**は，直接材料費，直
接労務費そして製造間接費ごとに計算されます。ここでは，差異の計算方法に
ついては省略しますが，それぞれは，以下のような差異に分けて分析されます。

　直接材料費差異は，材料の市価が急騰したり，小ロットの調達をしたことに
よって，いつもより値段の高い材料を使用しなければならなかったことによる
価格差異と，材料のムダ使いがあったとか仕入れた材料の質が悪くて歩留まり
が低くて多くの材料を使用することになったことによる消費量差異から成り
立っています。具体的な原因を明らかにして，責任者に改善を求めることにな
ります。

　直接労務費差異は，作業者のやりくりがつかず，高い賃率の作業者を従事さ
せたことによる賃率差異と，作業者がサボタージュをしたとか，作業者が慣れ
ない作業で時間がかかったとかによる作業時間差異から成り立っています。

　製造間接費は，いくつもの製品の製造のために共通に発生するもので，一定
の配賦基準によってそれぞれの製品に配賦されます。したがって，製造間接費

差異は，製造間接費の実際発生額と製造間接費の標準配賦額との差異ということになります。このため原価管理ということからすれば，製造間接費の差異分析には一定の限界があります。差異分析の方法には，一例をあげると予算差異，操業度差異，能率差異に分けるものがあります。

直接材料費と直接労務費の実際・標準の差異について図で示すと，次のようになります。

8—4 ●原価差異の分析

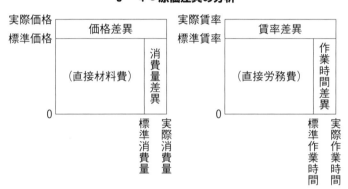

3　予算管理

会社の活動は，予算という事前に立てた計画に沿って行われます。商業では商品の仕入れと販売，製造業では原材料の仕入れ，加工，完成した製品の販売が中心的活動です。これ以外にも，会社では在庫の管理，広告宣伝，研究開発などの日常的に繰り返される活動や新しい機械の導入などの設備投資，不足する資金の調達などの活動も付随します。企業の中で行われるこのようなさまざまな活動について計画し，それぞれの活動が予定どおり実施されることを目的とするものが「**予算管理**」です。

予算はトップの経営者が提示した予算編成方針に従って，各部門がそれぞれ現場の事情を織り込んで立てた予算案を集めて全社的予算として編成されます。しかし，個々の部門から上がってきたものをそのまま集めても会社にとって最適の予算になりませんから，トップと各部門の間で相互にやり取りが行われて，

全社的にも調和のとれた予算が編成されるのです。

　企業の活動は企業ごとに多種多様ですが，製造業の場合，企業に利益をもたらす売上高の計画，すなわち販売予算の編成からスタートし，その後に製造予算などの損益につながる業務の予算が編成され，次いで資金繰りなど収支に関する資金予算，設備投資などの大型の支出を伴う資本予算が編成されます。その後，何度かの折衝を経て，最後に年次予算としての総合予算が編成されることになります。

　なお，予算は通常，会計期間に合わせて1年ごとに編成しますが，それ以外に6カ月ごとに，あるいは3カ月ごとに編成することもあります。

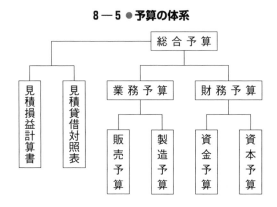

8-5 ●予算の体系

4　利益管理

　予算編成の前提となるのが「**利益計画**」です。そして，利益計画を立てるためには，変動費と固定費という原価の区別が重要になります。なぜなら，変動費と固定費のそれぞれは営業量との関係が異なっているので，この2つを区分しないで原価（cost：C）と営業量（volume：V）とそして利益（profit：P）の関係が不明瞭なままでは，原価管理はもとより利益管理も難しくなるのです。この三者の関係をCVP関係といいます。以下の説明では，営業量は具体的に売上高としましょう。

　変動費は，売上高の増加に比例して発生額が増加します。利益を増加させる

ためには，今までより安価な材料を使用するとか，売上高に対する変動費の割合を低下させる工夫をする必要があります。この割合を変動費率といいます。

$$変動費率 = 変動費 ÷ 売上高$$

これに対して，固定費は，売上高の増減にかかわらず発生額が一定なものです。利益を増加させるためには，作業者の人数を減らすとか，機械設備の更新のときに必要な機能だけに絞った安価なものを導入するとかして，固定費の発生額自体を低減する必要があるのです。

さて，売上高から変動費を控除した残りを限界利益といいます。

$$売上高 - 変動費 = 限界利益$$

「限界利益」 は，製造業であればその製品の製造にどうしても必要な材料費などの変動費を売上高から控除した残額としての利益です。言いかえれば，売上高から必ず回収しなければならない原価を引いた後に，いくら残るかという金額を表しているのです。このとき，限界利益が固定費を上回る部分が利益になります。したがって，限界利益は固定費の回収部分と利益とから構成されているといえます。

$$限界利益 = 固定費 + 利益$$

この限界利益を生むことができない売上高，つまり変動費すらまかなえない程度の売上高が長期間続くようでは，その事業を継続することは無意味です。

これに対して，固定費はもちろん全額を回収することが望ましいのですが，短期的には必ずしも回収が必要だというわけではないのです。一定の条件のもとでは一時的に固定費の一部の回収を断念して，売上を増加させる判断をすることもあります。

では，変動費と固定費を使ってCVPの関係を見てみましょう。正方形のグラフを用意して縦軸に費用・原価の発生額を，横軸に売上高をとって，固定費と変動費を記入します。その上に原点から45度の対角線，すなわち売上高線を引きます。これで損益分岐図表（利益図表ということもある）が完成です。

損益分岐図表の中で，「固定費＋変動費」の総費用線と売上高線とが交差す

る点を「**損益分岐点**」と呼びます。損益分岐点の売上高は，文字どおり利益も，損失も発生しない売上高を示しています。この損益分岐点より左の売上高では損失が発生し，右の売上高では利益が発生します。

8 ― 6 ● 損益分岐図表

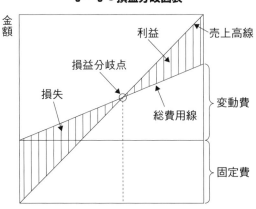

この損益分岐点は，図表で表わすと視覚的でわかりやすいのですが，計算で求めたほうが正確に損益分岐点を求めることができます。

8 ― 7 ● 損益分岐点の計算式

$$損益分岐点の売上高 = \frac{固定費}{1 - \dfrac{変動費}{売上高}}$$

損益分岐点がわかると，損失が発生しないためにはどれだけの売上高が必要か，一定の利益を確保するためにはどれだけの売上高が必要かが明らかになります。利益計画では，損益分岐点以下の売上高で満足しようということはナンセンスですから，損益分岐点を越えてさらにどれほどの利益を確保するべきかが検討されます。

本章では，これまでなじみのない用語が次々と出没し，だいぶ混乱してきたかもしれません。しかし，とても重要な部分なので，図と算式とで整理しておきましょう。

8—8 ●売上高と限界利益

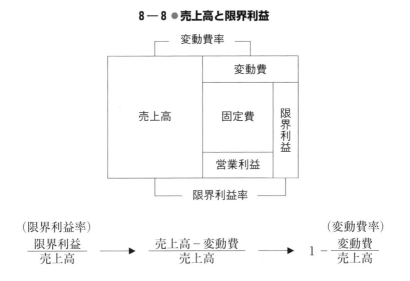

5　プロジェクトの意思決定

　経営管理者の仕事は，企業の将来のあり方および活動を決めることです。これには，一定期間にどれだけの売上を達成するか，広告宣伝費をどれだけに抑えるかという期間を前提とした計画ばかりでなく，期間に関係なく特定の活動を実行するか，実行するとすればどのように実行するかという計画もあります。このような計画をプロジェクトといいます。これにはM&A，新工場の建設，機械の導入などの大きなものもありますが，いずれにしても統制活動には直接関連していない点が共通です。ここでは，このような意思決定問題に簡単にふれておきましょう。

　この種の代表的な問題として，「自製か外注か（make or buy）」というものがあります。例えば，A部品について@900円（材料費400円，労務費300円，機械減価償却費200円）で製造していたが，@800円で外部から購入できることがわかりました。ここで外注への切り替えが妥当かどうかを検討することになります。この事例では，自製より外注にしたほうが安くなるようにみえますが，ポイントは機械の減価償却費についての考え方です。外注に伴い機械を除却で

きるのであれば，減価償却費は発生しなくなりますから外注が有利ということになります。そうでなければ，800円＋200円の計1,000円が発生しますから，自製を継続したほうが有利です。すなわち，減価償却費は回収不能な埋没原価（まいぼつ）と考えられます。

6　管理会計を担当する組織

　企業の中でカネを取り扱う部署は2つあります。それは財務部と経理部です。

　財務部はカネそのものを管理する部署で，必要な資金を調達し，効率よく運用し，必要な部分に分配する財務という業務を担当します。これに対して，経理部は貨幣単位（金額）を使用して，販売や生産などの企業の経営活動を記録し，その結果を利害関係者や経営者に報告する会計という業務を担当します。

　組織の考え方からすると，財務部はライン組織，あるいは直系組織といって，企業の本来的活動の1つを執行する組織です。この組織には企業のトップから末端のロワーまで張りめぐらされている責任と権限の網に組み込まれています。このようなライン組織には他に，購入・生産・貯蔵・販売・資金調達などの経営の基軸を担当する部門があります。

　これに対して，経理部は「**コントローラ部**」とも呼ばれますが，スタッフ組織，あるいは参謀組織といって，ラインがその業務を効率よく進めることができるように助言と勧告をする部門です。ここでは，管理会計だけでなく，仕訳から財務諸表の作成までの財務会計の業務も担当します。

クールダウン

✉ イチロー君からの質問メール

鈴木先生

イチローです。本日もありがとうございました。

仕事の関係上，管理とか予算とか比較的なじみがあります。しかし，予算は予算統制といったりしますが，予算は計画でもあると思うので，計画と統制というコトバがどうも混乱しています。このあたりのことを教えていただけるとありがたいのですが。

✉ 鈴木先生からの返事メール

イチロー君へ

予算には計画と統制の機能があります。計画とは将来の一定期間に何をするか，一定時点までにどのような状況になっているのか，そのために何をしたらよいかを予定することです。これに対して，統制とは計画どおりに業務が進行しているかどうかをチェックし，計画どおりでなければ，是正措置をとることです。

このように，計画と統制は表裏一体の関係にありますが，特定の活動を対象とし，統制と直接関係しない計画もあります。それをプロジェクト・プランニング，すなわち個別計画といいます。そこで，計画に対して統制と密接に関係する計画を特に期間計画と呼び，計画を2つに，すなわち個別計画と期間計画に分けているのです。

鈴木

~コラム⑪あと一球~

計画と統制の違いとその関係は？

本章では，「計画」と「統制」という用語がしばしば出てきました。大事な概念なので再確認しておきましょう。

製造業の経営管理者は製造した製品を，小売業の経営管理者は仕入れた商品をそれぞれ販売して利益を確保し続けることが務めです。製造業の場合，一定の利益を獲得するために，どれほどの規模の工場をどこに建設して，どのような製品をどれだけ製造するか，そのためにどのような能力を持つ人材を何人採用するか，製造した製品をどのようなルートで販売するかを経営管理者は決定しなければなりません。小売業の場合には，どのような商品を扱うか，どれほどの規模の店舗をどこに配置するかを決めなければなりません。経営管理者のこのような計画を立てる働きを特に「計画設定」といいます。

そうして，実際に製造や販売が始まると，予定どおりの数量が予定どおりの原価・費用で製造・販売されているかをチェックすることになります。もし予定どおりにいかなかったら，予定の利益が得られないわけですから，その原因を分析（差異分析）し，予定の利益が得られるよう適切な対策を講じることになります。経営管理者による，計画どおりの結果を得ようとするこのような仕事が「統制」です。

第9章

不正防止と会計

 ウォーミングアップ ·······························

イチロー 鈴木先生，おはようございます。

鈴木先生 おはよう。今日は，最近企業で頻発している会計不正について，制度的にはどのような防止策がとられているのかを会計の観点から話をしてもらうことになっているので，川藤先生のところに行ってください。角刈りで，ぶっきらぼうだけど，とても愛嬌のある先生なんだよ。

コンコン（なんとなく "おっかないな〜" と思いながら研究室の扉をノックする音）

イチロー お，おはようございます。鈴木イチローです。本日は，よろしくお願いします。

川藤先生 やあ，関西出身の川藤です。よろしくどうぞ〜。鈴木先生からは，「不正防止と会計」ということで話すように言われてんだけど，内容は「会社の成績表が適正に表示されているかどうかのチェック」について話すことになるよ。一般的には，「会計監査」なんて言われてんねん。企業の経営者も，業績をよく見せたいから，なんぞ悪いことやってでも会計数値を良くして利益を出す変な工夫を考える

ことがあります。ただ，それは，アカンことですよ。会計は，企業の実態を表す役割がありますから，意図的に数値をいじくらないようにしないといけないし，また他の人がそれをチェックすることで「大丈夫」という保証をしてあげる必要があります。その保証してあげる人は，誰でもいいというのとちゃいますねん。その人のことを，「公認会計士」さんというんですな〜。メチャクチャ難しい試験を合格してるので，まさにエリートさんですな。

　野球の世界でも，1919年のワールドシリーズで，シカゴのホワイトソックスの選手8人が賭け屋に買収されて，球界から永久追放された事件があったんですわ。これは，ブラックソックス事件と言われました。おんなじようなことが，日本でもありましたんや。当時の西鉄ライオンズで，あるピッチャーが起こした八百長事件です〜。意図的に打たれて負ける試合を作って，お金をもらうというやつです。台湾球界に日本から行った選手が同じような事件を起こして裁判で有罪判決を受けているし，野球以外にも，韓国のプロサッカーリーグ，Kリーグでも「八百長疑惑」が起こって逮捕者が出てるの知ってますか？　八百長でよく問題になるのが「相撲界」ですな。まあ，いたるところで，不正が起こっています。

　スポーツ観戦は，「今のは，真剣勝負？」というのと向かい合わせですな。学生のカンニングも含め，とにかく不正はあきません！　野球の場合でしたら，第三者委員会に検討をゆだね，最終的にはコミッショナーが判断することになるんでしょうな〜。ほんなら，これを企業に当てはめて考えてみることにしましょうかね〜。その前に，バリバリの関西弁でしゃべくると，何を言ってるのかわからなくなると困りますから，今日はできるだけ標準語に近い話し方で進めますわ。もし理解できんかったら，遠慮なく言うてください。

1　監査の必要性

1)　信頼できる会計報告とは？

　そんならはじめに，監査について考えるために，次の事例を考えてみましょうか。

　　大学のあるサークルは，夏の合宿として信州のベンチャー企業を訪問し調査する企画を立てました。大学からは，調査研究費として旅行代金の一部を補助金として受け取ることができました。そのため合宿終了後，大学に調査報告書と会計報告書を提出することになっています。具体的には，合宿費用として，交通費，宿泊費，昼食費，観光費，その他の費用がかかる予定です。なお，顧問の先生からは，バス会社，旅館，レストランなどの支払いでは，できる限り明細の書かれた領収書をもらうよう，指示を受けました。

　　旅行終了後は，領収書の金額を基に実際の支出額を集計し会計報告書を作成しました。そして，会計担当者から会計報告が行われ，それが部員によって承認されました。その後，企業調査報告書と共に大学に提出しました。

　さて，このサークルの会計報告がほんとうに正しいのかどうかは，どうやってチェックするのがええですかね。まず，報告書の金額が間違っていないか計算してみるのがええでしょうね。けど，報告書の金額ばかりを見てチェックするのでは，どうも限界がありそうな気がします。そのため，各支出の裏づけとなる領収書があるかどうかを確かめるはずでしょう。領収書っていうのは，お金を受け取った人が受け取ったことを証明するために，支払った人に発行する書類のことですよ。この領収書に記載されている日付，受取人が会社であれば社判，宛名（支払人の氏名），金額，但し書き（支払いの目的が書かれている），担当者の押印などを見て，支払いの目的が適切であったか確認することが必要ですわ。この事例ですと，部員が会計報告書をチェックし，自ら正しいことを証明し報告しているので，残念ながらその報告はあまり信頼性が高いとは言えませんね。それよりも，外部の信頼できる第三者に頼んでチェックしてもらえば会計報告書の信頼性は格段に高まるの，わかりますか？

2)　会社の場合

　以上のことを頭のスミっこにおいといて，現実の企業にあてはめて考えてみ

ましょうか。事業拡大や設備投資に必要な資金をどのように調達し，その資金を使ってどのように企業活動を行ったかとその結果を示したものが財務諸表という成績表でした。この財務諸表が正しいことを証明する役割を担うのが公認会計士という専門家だっていうことは，前に言いましたよね。会計に関する専門的知識と実務に精通して，会社から独立した立場にいるプロフェッショナルの人たちのことなんです。先に話した「チェック」というコトバを，公認会計士による「監査」というコトバに置き替えてみると，監査というのがある程度イメージできたんとちゃいますか。

　そしたら次に，特に大企業の財務諸表に監査が必要とされる理由を考えてみましょうか。企業の利害関係者の多くは，企業と直接の接点をもっていないので，彼らが財務諸表の信頼性を調べようと思っても，そう簡単にはいかんのです。また，仮にそれができたとしても，企業の機密保持などによってその調査には限界があるんです。そのため，公認会計士が財務諸表の監査を行って意見を表明することで，財務諸表に対する社会的信頼性を付与するんですわ。そいでもって，利害関係者は安心して財務諸表を利用することができるようになるんです。ここに，公認会計士による財務諸表の監査の大きな意義があるといえますわな。

　以上のような会計監査を，一般に「**財務諸表監査**」といいます。日本では金融商品取引法による上場企業の財務諸表監査が中心となってますけど，その他にも会社法における大会社，私立学校，労働組合，政党などの監査もありますよ。

　以下では，企業が公表する財務諸表に対して，公認会計士が行う財務諸表監査を中心に説明していきますわ。なお，大規模企業の監査の場合，現実には公認会計士の組織である**監査法人**に依頼されています。ここでは，公認会計士または監査法人を，単に「監査人」というときましょか。

2　財務諸表監査の仕組み

　「第5章　会計を取り巻くルール」で学んでますけど，企業がその経済活動を貨幣額で記録し，その結果を財務諸表として利害関係者に報告する一連の会

計行為は，一定のルールに基づいて行われないとあきません。このルールは，企業が好き勝手に決めるものとちがって，社会的に承認された公正妥当なものでないとダメで，会計原則とか会計基準といわれてます。

　監査人は，これらの情報が適正に表示されているかどうかについて，会計原則等を判断基準として，自ら入手した監査証拠に基づいて判断した結果を意見として表明することになります。なお，監査人が会計監査を実施する際に遵守すべき職業的専門家としての行為に関するルールを**監査基準**といいます。監査基準は，監査人の姿勢や行動を律することで，財務諸表監査に信頼を与えるよりどころとなるんです。

　9―1でわかると思いますけど，財務諸表の作成責任は経営者にあります。けど他方で，財務諸表に関する意見表明は監査人の責任なんです。こんなふうに，財務諸表に対する責任が明確に区別されていることに注意しといてください。これを「**二重責任の原則**」というて，財務諸表監査の根幹をなす重要な原則ですわ。

9―1 ●財務諸表監査の仕組み

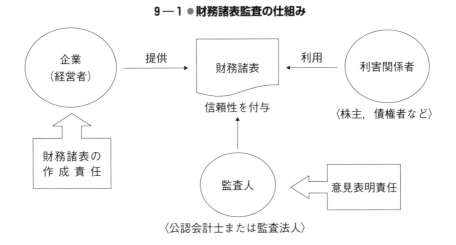

3　財務諸表の虚偽表示

　すでに説明してますけど，監査人は，財務諸表が企業の財政状態，経営成績

およびキャッシュ・フローの状況に関して「適正に表示している」かどうかについて意見の表明をするんです。そしたら，財務諸表が「適正に表示していない」とは，どのようなことを意味するんでしょうか。

・・

イチロー　財務諸表の数値が企業の実態を適正に表していないということですから…，どこかで金額の操作が行われているということではないでしょうか。

川藤先生　そうでんな～。財務諸表が適正に表示されていないことを，財務諸表の「虚偽表示」というんです。これは，まさに財務諸表に嘘の表示項目が含まれていることを意味してます。

・・

　そしたら次は，財務諸表の虚偽表示がどうやって起こるのか，財務諸表が作成されるプロセスから考えてみましょうか。取引によっては，それを裏づける納品書，請求書，領収書などのさまざまな書類が作成されます。これを，証憑書類というんですが，その証憑に基づいて，その取引は伝票，仕訳帳や元帳といった帳簿に記帳されるんです。そして最後に，財務諸表が作成されます。この流れを示すと，9―2のようになります。

　このプロセスの中で虚偽表示が行われるケースとしては，取引を証憑や帳簿に記録しなかったり，逆に，架空の取引を記録するなどが考えられますな～。

9―2 ● 財務諸表の作成プロセスと虚偽表示

| さまざまな取引 | → | 証憑書類 | → | 帳簿記録 | → | 財務諸表 |

・取引を記録しない　・金額の過小計上　・会計記録の無視
・架空計上　　　　　・金額の過大計上　・会計原則の誤った適用

　このような財務諸表の虚偽表示は，なんで発生するんでしょうか。その原因には，単純なミスと故意による2つが考えられます。経営者や従業員による計

算ミス，事実の見落としなどの単純なミスを誤謬と言います。また，違法行為を隠したり，粉飾決算や脱税などを目的として行われるものは故意，つまり意図的な操作による虚偽表示になります。これらは，利益を過大に計上したり，または過小に計上することに関係しているんです。

　まず，利益の過大計上は，資産の過大計上と負債の過小計上，収益の過大計上と費用の過小計上が組み合わされて行われます。これを一般に**粉飾**と言います。また利益の過小計上は，資産の過小計上と負債の過大計上，収益の過小計上と費用の過大計上が組み合わされて行われます。これは，逆粉飾とも言われるんです。

　財務諸表監査では，利害関係者の誤解を招くような重要な虚偽表示を発見した場合，監査人はまず経営者に対して訂正するよう指導する必要があるんです。もし経営者がワガママを言うて修正を受け入れへんと，「5　監査報告」で説明するように，財務諸表が適正に表示されていないという意見を表明することになるんです。そしたら，タイヘンなことになりまっせ。

4　会計監査の進め方

　監査っちゅうのは，会社に行って金庫の中のお金を数えたり（実査），倉庫に行って在庫を調べたり（立会），商品の得意先に売掛金の金額を照会したり（確認）して，これを全部ひっくるめて監査手続というんです。また，9－2にありますけど，監査人は証憑書類と帳簿記録とを突き合わせることによって取引が架空計上されてへんかどうかを検討しますし，逆に取引が帳簿記録から抜けてへんかも検討するんです。

　ただ，監査は膨大な取引を限られた時間で調べないといけないので，誤謬や不正が発生する可能性の高いところへ重点的に時間や監査担当者を配分するんです。そのため監査人は，経営者から経営活動の情報を入手するだけでなくて，**内部統制**の整備や運用の状況を分析したりして，どのように監査を行うか計画を立てる必要があるんです。

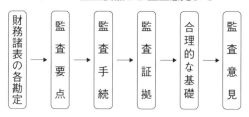

9 — 3 ● 監査要点から監査意見まで

財務諸表の各勘定 → 監査要点 → 監査手続 → 監査証拠 → 合理的な基礎 → 監査意見

　次に，監査手続との関係から意見が表明されるまでのプロセスを簡単にみておきましょか。大規模企業を想定した場合，いきなり財務諸表全体に対して適正か否かの判断をするのは難しいんで，財務諸表の構成要素ごとに監査手続を適用して，そいでもって監査証拠を入手して，結論を得る必要があるんです。こんなふうに細分化した監査の目標を**監査要点**といいますけど，その例としては，実在性，網羅性，権利と義務の帰属（きぞく），評価の妥当性，期間配分の適切性，表示の妥当性があるんです。

　監査人は，監査要点を立証するのに適した監査手続を選択する必要があるんです。その結果得られるのが監査証拠ですわ。監査要点に対して，十分にかつ適切な監査証拠が得られたとしますと，監査人には，財務諸表全体が適正であるかどうかを判断する根拠が形成されたことになります。これを専門用語で「合理的な基礎」といって，これに基づいて**監査意見**が表明されるんです。

5　監査報告

　監査人が述べる会計監査の結論は監査意見といわれ，監査報告書として監査の依頼人に渡され，最後は，財務諸表に添付されて公開されることになってます。次頁に載せといたのは，金融商品取引法に基づいた監査報告書の実際の書式ですわ。監査報告書の各区分ごとに，注目すべき点について１つずつみていくとしましょうか。

独立監査人の監査報告書

令和×年×月×日

○○株式会社
取締役会　御中

○○監査法人
指定有限責任社員
業務執行社員　　公認会計士　　○○○○　印

指定有限責任社員
業務執行社員　　公認会計士　　○○○○　印

監査意見

Ⅱ　当監査法人は，○○株式会社及び連結子会社の令和×年×月×日から令和×年×月×日までの連結会計年度の連結財務諸表，すなわち連結貸借対照表，連結損益計算書，連結包括利益計算書，連結株主資本等変動計算書，連結キャッシュ・フロー計算書及び重要な会計方針を含む連結財務諸表の注記について監査を行った。当監査法人は，上記の連結財務諸表が，我が国において一般に公正妥当と認められる企業会計の基準に準拠して，○○株式会社及び連結子会社の令和×年×月×日現在の財政状態並びに同日をもって終了する連結会計年度の経営成績及びキャッシュ・フローの状況を，すべての重要な点において適正に表示しているものと認める。

監査意見の根拠

Ⅲ　当監査法人は，我が国において一般に公正妥当と認められる監査の基準に準拠して監査を行った。監査の基準における当監査法人の責任は，「連結財務諸表監査における監査人の責任」に記載されている。当監査法人は，我が国における職業倫理に関する規定に従って，会社及び連結子会社から独立しており，また，監査人としてのその他の倫理上の責任を果たしている。当監査法人は，意見表明の基礎となる十分かつ適切な監査証拠を入手したと判断している。

監査上の主要な検討事項

Ⅳ　（監査人による自由記述）

連結財務諸表に対する経営者及び監査役会の責任

Ⅴ　経営者の責任は，我が国において一般に公正妥当と認められる企業会計の基準に準拠して連結財務諸表を作成し適正に表示することにある。これには，不正又は誤謬による重要な虚偽表示のない連結財務諸表を作成し適正に表示するために経営者が必要と判断した内部統制を整備及び運用することが含まれる。（以下，省略）

監査役及び監査役会の責任は，財務報告プロセスの整備及び運用における執行役及び取締役の職務の執行を監視することにある。

	連結財務諸表監査における監査人の責任
VI	監査人の責任は，監査人が実施した監査に基づいて，全体としての連結財務諸表に不正又は誤謬による重要な虚偽表示がないかどうかについて合理的な保証を得て，監査報告書において独立の立場から連結財務諸表に対する意見を表明することにある。（以下，省略） 　監査人は，我が国において一般に公正妥当と認められる監査の基準に従って，監査の過程を通じて，職業的専門家としての判断を行い，職業的懐疑心を保持して以下を実施する。（以下，省略）
VII	利害関係 　会社及び連結子会社と当監査法人又は業務執行社員との間には，公認会計士法の規定により記載すべき利害関係はない。

　Ⅰには，監査報告書の表題，監査作業終了日の日付，監査の依頼人，監査報告書を作成した公認会計士の氏名・押印（おういん）が記されています。

　Ⅱではまず，監査の対象となった財務諸表が明らかにされてます。ここでの監査対象は，連結財務諸表であることがわかりますよね～。でも，連結の対象となる会社があらへんときには，貸借対照表，損益計算書等の個別財務諸表が監査対象となるんです。次に，監査人自身の最終的な意見が記載されます。この文例では，連結財務諸表が適正である旨が表明されています。ところで，財務諸表の中に発見された不適正な事項は，**除外事項**といいますんや。これが発生する原因は2つあります。1つは，監査を行ううえでの制約の存在です。例えば，会計記録が失われたり，その閲覧を拒否されるなどの理由により監査が実施できなかった場合なんです。もう1つは，財務諸表が適切な会計原則に従って作成されていない場合です。この監査報告書では，「適正に表示している」というコトバから，除外事項があらへんかったことがわかりますが，これを「**無限定適正意見（むげんていてきせいいけん）**」といいます。このほかに除外事項の性格と重要性の程度によって，監査意見は除外事項を付した「限定付適正意見」および「不適正意見」，さらに「意見不表明」というのがあるんです。

9−4 ● 除外事項と監査意見

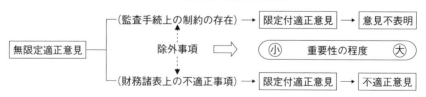

116

Ⅲには，監査人が被監査会社から独立した立場で監査を実施し，監査意見の根拠を得たことが記されてます。

Ⅳには，監査上の主要な検討事項が記載されます。これは，監査人が監査中に特に重要であると判断した事項ですわ。監査人が選択して自由に記述するところに特徴がありますのや。

Ⅴには，経営者および監査役会の責任が記載されます。経営者は連結財務諸表を作成する責任があり，監査役会には経営者の業務の執行を監視する義務があることが強調されます。

Ⅵには，監査人の責任が記載されます。ここで示されていること以外に，十分かつ適切な監査証拠を入手すること，経営者が採用した会計方針が適切であるか否かを検討することなどが記載されます。

Ⅶは，監査人が企業と特別の利害関係がないことを表明する部分です。

監査人は，職業的な専門家として経営者にくみしない立場から監査を行い判断を下すことが基本的な姿勢であって，これを精神的独立性といいます。さらに，監査人の姿勢に影響しないように，監査人には企業と特定の利害関係がないことが求められ，これを外観的独立性といいます。これらの独立性は二重責任の原則を支える重要な条件であって，監査報告書の表題も「独立監査人の」と書いて強調してるんです。

これで一通り話しましたよってに，ほな，終わりましょか。

クールダウン

✉ イチロー君からの質問のメール

川藤先生へ
イチローです。

今日の授業は，先生の関西弁に触れられて，楽しく聞くことができました。
最近，いろんなとこで「内部統制」っていうコトバをよく耳にするんですけど，教えてもらってええですか？

あれ？　なんか，僕にも関西弁がうつってしまったみたいです。

ホンなら，よろしゅうにお願いします。

✉ 川藤先生からの返事メール📎

イチロー君へ
君の関西弁，なかなかイケてまっせ。

内部統制は，不正や誤謬を起こさないように会社内部に設けられた仕組みをイメージすればええんですが，具体的に説明しときましょ。仕事の現場を単純化して示したのが「添付ファイル」です。ちょっと，見てください。上司のＡさんは，部下のＢさんとＣさんにそれぞれ仕事を分担させます。ＢさんとＣさんに仕事を割り当てて責任を持たせて，その結果をＡさんに報告させるわけです。それを照合すると，一方のミスや不正を発見することができるはずです。このような会社内部の仕組みを「内部牽制」というんです。

しかし，ＢさんとＣさんが相談して資産を隠して記録を破棄して，お互いにＡさんに虚偽の報告をするような場合では，せっかく仕事を分担し報告する体制を整えたとしても，内部牽制が機能しないという限界があるんです。

このような内部牽制の限界を克服するためには，この仕事の現場には属さない人がＢさんとＣさんの仕事をチェックするという仕組みが必要になります。つまり，会社内部でも特に独立の立場の人が，ＢさんやＣさんの仕事が法律や会社の業務規定に従って行われているかどうかを調べたり，資産などの実地調査をするんです。これを「内部監査」といいます。Ａさんが会社を代表する取締役だとすると，Ａさんの業務は株主総会で選ばれた監査役によって調査されます。これを「監査役監査」といいます。
以上のように，不正を防止する観点から，内部牽制だけとちがって，内部監査や監査役監査によって監視しているんです。

けど，こんな制度を設けるだけでは意味がありません。「統制環境」といわれる，現実に内部牽制等を機能させようとする経営陣の考え方や，社内全体で取り組む姿勢も大事なんです。現代では，統制環境を基礎にして，これまで話してきたことをすべて含んだものを「内部統制」と考えています。そのため，内部統制は法律を遵守して，企業目的に従って効率的に経営をするためにも，また信頼できる財務諸表を作成・公表するためにも不可欠なものなんですわ。近頃では不正会計事件が相次いだため，金融商品取引法は，上場会社の経営者に内部統制を整備して，それを自ら評価した報告書（内部統制報告書）を事業年度ごとに提出するよう義務づけました。その内部統制報告書も，財務諸表と同じように監査人による監査を受けることになっています。わかりましたか〜。

川藤でした

[添付ファイル]

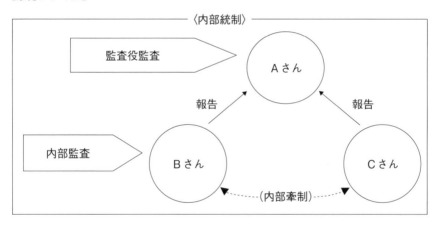

～コラムあと一球～

不正会計と監査の関係は？

不正による虚偽表示のリスクに対して，会計はどのように対応することができるのでしょうか？ 「不正」という場合，財務諸表の意図的な虚偽の表示をさし，経営者等による意図的な行為ということになります。

特に粉飾という場合は，計上するべき金額を計上しなかったり，必要な開示を行わなかったりという形で，財務諸表利用者を欺くことになります。

具体的には，財務諸表の基礎となる会計記録や証憑書類の改ざん，会計事実や重要な取引の意図的な除外，さらには会計基準の不適切な適用等が考えられますが，いずれも経営者の姿勢と強く結びついているといえます。そのため，特に経営者は強い倫理観を持ち，「会計責任」の意味を十分に理解し実践するとともに，内部統制制度が形骸化しないように気を配ることが重要と思われます。それ以外にも，取締役会や監査役等による積極的な監視により，財務報告の信頼性，経営の効率性が保証されることになります。

第10章

会社の支払う税金

 ウォーミングアップ ···

イチロー　おはようございます。

鈴木先生　おはよう。今日は，税金に関する話なので，税理士で実務経験のあ
る田宮先生が話をしてくれるよ。向かいの研究室だよ。イチロー君のところ
は中小企業だから，特に，税金のことに関しては神経を使ってるんじゃない
かな。しっかりと聞いておいでよ。

イチロー　ハイ，わかりました。

コンコン（田宮先生の研究室の扉をノックする音）

イチロー　おはようございます。鈴木イチローです。今日は，よろしくお願い
します。

田宮先生　おはよう，田宮謙次郎です。お待ちしてました。どうぞ，おかけ下
さい。鈴木イチロー君ですか。私はラグ
ビーのほうが好きなのですが，そんな私で
も，君と同じ名前の選手が大リーグで活躍
していたことくらいは知っていますよ。よ
く言われるでしょう。

イチロー　ええ，この特別授業でも，どの先
生からも言われてきました。会社でも，こ
れがキッカケで仕事がスムーズに進むこと

もありますので，うまく利用しています。

田宮先生 そうですか。それは，いいですね。今日は，会計と税金についてお話をさせていただくのですが，今日は何回目の授業になりますか？

イチロー ハイ，ちょうど10回目です。

田宮先生 へ〜，野球で言うと，延長戦に突入ですね。そうそう，野球と税金に関連した話では，次のようなものがありますよ。少し古い話ですが，2011年にヤンキースのジーター選手が3,000本安打を本塁打で達成したそうです。このホームランボールを偶然捕った観客の方は，そのボールをジーター選手本人に渡したそうです。それに応え，ジーター選手は，サイン入りのバット，ボール，ユニホームに加えシーズン・チケットもプレゼントしたそうです。問題は，それらのプレゼントに対して，税金がかかったということです。そのこと自体驚いてしまいますが，このまま記念のボールを保持していても，やはり税金がかかったようです。その理由は，それらの記念品を市場で売却すれば収益が発生することから，それが資産とみなされたことにあります。同じようなことは，ボンズ選手が打った，大リーグ記録を更新する756号目のホームランボールでもあったようですね。

　税金というと，誰しもできるだけ払いたくないものというイメージがありますね。でも，消費税のように，知らないうちに支払っているようなものがたくさんあります。このように，個人は税金を支払っていることがわかりましたが，会計学で対象としている会社ではどうでしょうか。実は，会社も個人と同様に税金を支払っています。会社が支払う税金には，法人税・住民税・事業税などがあります。今回は，実務的な話もするかもしれませんが，特に「法人税」を中心に話すことにしましょう。

1　税金の種類

　日本の憲法では，国民は法律の定めるところにより，納税の義務を負うと定められています。ここにいう国民の中には，個人だけでなく法人も含まれるものと理解されています。ここで法人とは，法律によって権利を有し義務を負う

主体のことをいい，公共法人，公益法人等，共同組合等，人格のない社団等，そして普通法人が含まれています。この授業では，普通法人についての話をします。これは，会社法でいう株式会社をイメージしてもらえれば，理解しやすいと思いますよ。

　さて，個人の所得に対して課される税金を所得税といいます。サラリーマンの場合は，源泉徴収制度といって，会社が個人に代わって納税額を計算し，給与から差し引いて預かってくれ，それを年に1回，税務署に納めてくれます。個人商店のような場合には，確定申告という手続きをとります。また，会社のような法人の場合には，所得金額に対して法人税が課せられることになります。それについて話す前に，税金全般について簡単に説明をしておきましょう。

　税金は，どこが課税するかによって，国が課税する国税と都道府県・市町村が課税する地方税とに分けることができます。法人税，所得税および相続税は国税ですが，これら以外にも物品やサービスの消費にかかる税金である消費税があります。これに対して地方税には，住民税や固定資産税等があります。また，税金は，税金を納めることが義務づけられている者と実際に税金を負担する者とが一致する直接税と，それらが一致しない間接税とに分けることができます。法人税や所得税は直接税に，消費税や酒税は間接税に分類されます。それ以外にも，使途が決まっている目的税と目的税以外の普通税という分類もあります。

　会社が納税する代表的な税金は，法人税，住民税および事業税です。これらは，原則的に，会社の所得を基礎として納税する額が算定されます。そのため，その所得のことを「**課税所得**」ともいいます。

　納税義務者である法人は，国内に本店または主たる事務所を有している会社である内国法人と，内国法人以外の会社である外国法人とに分けられます。内国法人は，国内および国外において生じたすべての所得について納税義務がありますが，外国法人は，国内に源泉を有する所得についてのみ納税義務があります。

　では，会社が支払うべき法人税が，どのように計算されていくのかについて，次に見ていくことにしましょう。

2　法人税の仕組み

1)　確定決算主義

　法人税とは国が法人に対して課す税金であり，法人税法では納税義務者や課税所得等の範囲，税額計算の方法，申告および納税等の手続きに関する必要な事項が定められています。法人税は，国の財政における収入源となっているため，税収の合理的な確保が求められていますが，納税者に不満を与えないように「課税の公平性」を基本的な理念としています。つまり，納税者の税負担能力に応じて課税するということです。

　所得金額の計算は，「第5章　会計を取り巻くルール」でもでてきましたが，**確定決算主義**に基づいています。これは，会社法会計で作成され株主総会で承認を得た計算書類を基礎として，所得金額の計算に引き継がれることを表しています。つまり，税務会計は，独立した会計として実施されるのではなく，会社法会計によって作成された計算書類に表示された利益を基礎として，法人税額を計算する形で展開するという特徴を有しているといえます。

　申告のスケジュールを見ると，例えば3月決算の会社は，10―1に示すように5月31日に申告期限を迎えますが，会計監査との関係から申告期限を1カ月延長して，株主総会後に法人税の確定申告を行うのが一般的です。

10―1 ●法人税の申告スケジュール

2)　所得金額の計算

　法人税を計算する際には，「一般に公正妥当と認められる会計処理の基準」に従いますが，別段の定めが設けられている場合には，それに従います。ここで，「別段の定め」とは，課税の公平性や租税政策の実現などを目的として，

益金算入と不算入および損金算入と不算入を定めた法人税法独自の取扱い規定のことです。そのため，会計上の利益と税法上の所得金額の間には，相違が生じることになります。会計上の利益は，収益から費用を控除して計算されることは知っていますね。

$$収益 - 費用 = 利益$$

法人税の場合は，益金から損金を控除して所得金額を計算します。

$$益金 - 損金 = 所得金額$$

この所得金額に一定の税率を掛けて税金の額を計算します。

$$所得金額 \times 税率 = 法人税額$$

実際には，10—2に示すように，収益および費用と益金および損金とが完全に一致しないため，別段の定めを用いて，会計上の利益と所得金額の二者間で調整しなければならないことになります。これらは，企業会計上の目的と税法の目的の相違から生じているといえます。具体的に規定を見ると，収益と益金はそれほど大きな差はありませんが，費用および損失と損金のとらえ方には多くの差があることがわかります。これらの修正の手続きは，法人税申告書別表四を用いて計算することになります。

10—2 ● 益金と損金

益金不算入	収益	
	益金	益金算入

損金不算入	費用	
	損金	損金算入

区　分	内　　容
益金不算入	収益であるが，益金とはならないもの
益金算入	収益ではないが，益金となるもの

区　分	内　　容
損金不算入	費用であるが，損金とはならないもの
損金算入	費用ではないが，損金となるもの

10—3に，損益計算書と法人税申告書別表四の関係を示しておきました。これは，式で表すと次のようになります。

$$当期純利益＋益金算入額＋損金不算入額－益金不算入額－損金算入額＝所得金額$$

　この所得金額の計算は，企業会計上の利益を税法の立場から修正したものといえます。

10—3 ● 損益計算書と法人税申告書別表四

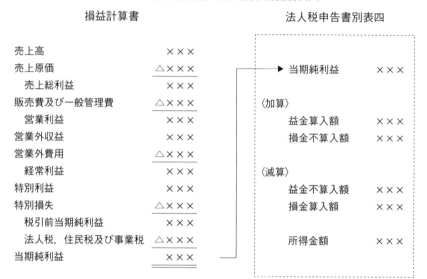

3　益金と損金

1)　益　金

　益金の額としては，次の①から⑤で生じた収益があります。ただし，資本等取引（剰余金の分配や資本金等の額の増減等）で生じた収益に係るものは除かれます。そして，益金は，一般に公正妥当な会計処理基準に基づき実現主義をよりどころとして，棚卸資産の引き渡しがあった日や請負契約における役務がすべて完了した日など，会社にとって最も合理的であると認められる日をもって計上します。

　①　資産の販売
　②　有償・無償による資産の譲渡

③　有償・無償による役務の提供

④　無償による資産の譲受

⑤　その他の取引による収益

例えば，企業会計と税務会計では，受取配当金の取扱いが異なっています。受取配当金は，企業会計では収益となりますが，税務会計では益金とならないもの，いわゆる益金不算入となります。なぜならば，D社が受け取る受取配当金に対しては，G社の利益に対して法人税が課税されているため，法人税が再課税されたならば二重課税になってしまうからです。

2)　損　金

損金の額としては，次の①から③の費用および損失があります。

①　売上原価，完成工事原価，その他これに準ずる原価の額

②　販売費，一般管理費その他の費用の額

③　損失の額で資本等取引以外の取引に関わるもの

例えば，企業会計と税務会計では交際費の取扱いが異なっています。交際費は，企業会計では費用となりますが，税務会計では一定額までを損金とします。つまり，会社の帳簿上，交際費は費用として計上されますが，交際費がすべて損金として認められたならば，法人税を支払いたくない会社では，多額の交際費が計上されることになり，その分だけ法人税額が減少することになります。そのため，法人税の計算では，課税の公平性という見地から損金に算入する交際費には限度が設けられています。

4　法人税額の計算

会社の法人税納付額は，当期の所得金額に一定の法人税率を掛けることにより計算します。税率は，以下のとおりになります。

資本金1億円以下の会社の場合　所得金額のうち800万円以下の部分　19%（15%）

所得金額のうち800万円超の部分　　23.2%

資本金１億円超の会社の場合　　所得金額のすべて　　　　　　　　23.2％

　なお，税率は法人の種類によって異なりますし，国の政策や経済環境によっ
てしばしば変更になります。

Ｑ：次の資料から，Ｔ社の所得金額と法人税額を計算してみましょう。
　　　資本金　　　　　　　　　　90,000,000円
　　　当期純利益　　　　　　　　50,000,000円
　　　受取配当金の益金不算入額　　3,000,000円
　　　交際費の損金不算入額　　　　7,000,000円

Ａ：所得金額　54,000,000円〔50,000,000円－3,000,000円＋7,000,000円〕
　　法人税額　11,872,000円〔8,000,000円×15％
　　　　　　　　　　　　　　　＋（54,000,000円－8,000,000円）×23.2％〕
（注）　資本金の額または出資金の額が１億円以下の普通法人等の年800万円以下の金額
　　に対する法人税率は15％（本則19％）に引き下げられました。

クールダウン

✉ イチロー君からの質問メール

田宮先生

イチローです。今日はありがとうございました。

利益が出ている場合，法人税を払うというのはよくわかりましたが，法人税は赤字
会社になった場合でもかかるのでしょうか？

✉ 田宮先生からの返事メール

イチロー君へ

法人税は，赤字会社に対しては課税されません。しかし，会社に対して課税される
税金には，法人税の他に，法人住民税や法人事業税があります。そのため，赤字会
社であっても，法人住民税（均等割）は支払わなければなりません。例えば，法人
住民税は，法人税額に課税して計算する「法人税割」と会社の資本等の金額と従業
員数に基づいて計算する「均等割」によって算定します。そして，法人事業税は，

法人の所得金額に基づいて算定します。

なお，法人税法には，青色欠損金の繰越控除^{くりこしこうじょ}という制度があり，青色申告の承認を受けた会社は，その事業年度に発生した欠損金（赤字）を，翌事業年度以降10年間繰り越すことができます。そのため，イチロー君の実家が経営している工場が青色申告の承認を受けていれば，その赤字は，翌年以降の会社の所得金額から控除することができます。ただし，青色申告の承認を受けたい会社は，適用を受けようとする事業年度開始の日の前日までに青色申告の承認の申請書を所轄の税務署長に提出しなければなりません。

このように，会社が支払う税金の計算はとても複雑なので，納税に際しては，税金の専門家である税理士に相談して税務上のアドバイスを受けたほうがいいと思います。

田宮謙次郎

法人税は払うべきもの？

損益計算書では，税引前当期純利益から法人税等を差し引いて当期純利益を計算しますが，ここにいう法人税とは，益金から損金を差し引いた法人の所得金額に一定の税率を掛けたうえで課される国の税金です。そのため，法人税法では，所得金額を多くするために，企業会計でいう費用を損金として計上することを認めないような規定を多く設けています。

しかし，企業会計上で利益が出ていても，税金を払わないで済ませられるような方法があるようです。キーワードは，本章の「クールダウン」でも取り上げられた税務上の赤字を意味する「欠損金」です。欠損金が発生すると，その後の10年間にわたって繰り越され，黒字から差し引くことができ，その結果，税負担は軽くなるという制度になっています。

また，日本の税負担率は，諸外国に比べて高い状況が続いています。税負担率が少なければ企業に残る資金が増え，株主還元や新規投資等の戦略に活用できることになります。

巨額の利益をあげながら，このような税務戦略を活用してできるだけ税金を払わないようなスキームを検討しているIT企業もあるようです。そのため，多国籍企業に対する国際課税という問題は，今後の大きな課題と言えるでしょう。

第11章

成績表の見方

 ウォーミングアップ ·····················

イチロー　おはようございます。おひさしぶりです。よろしくお願いします。

鈴木先生　おはよう。会計の勉強も大分進んできて，残りの時間も少なくなっ
てきたけれど，そろそろ「会計がわかった！」という実感がわいてきたかな。

イチロー　確かに，会計のいろいろな用語がたくさんでてきましたが，忘れた
ものも多くて…。

鈴木先生　忘れるのは，しかたがないよ。しかし，今までのところをシッカリ
復習してぜひ理解しておいてほしいんだ。

　　さて，プロ野球にしても，どのスポーツにしても，特定の球団や選手に対
してファンという人たちがいるよね。例えば，かつて君と同じ名前のイチロー
選手が所属したシアトル・マリナーズにも多くのファンがいて，その中でも，
地元に住んでいる人は，球場のシーズンチケットを所有しているはずだよ。ア
メリカン・フットボールでは，そのシーズ
ンチケットの購入希望者の順番待ちのリス
トがあるようだ。マリナーズは，ワールド
シリーズどころか勝ち越すこともままなら
ない球団にもかかわらず，多くのファンに
愛されている。勝てなくて，球場に閑古鳥
が鳴くというシーンも珍しくないが，ファ
ンに見捨てられていないのはなぜだろう

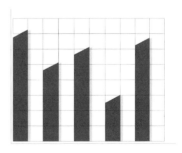

か？

イチロー　勝っても負けても，ファンは試合の観戦を楽しんでいるからじゃないでしょうか。

鈴木先生　そうだね。ファンは，応援しているチームが勝てば美味しいビールを飲めるが，負けても，監督や選手の悪口を言いながら，「明日は，勝つだろう！」なんてビールを飲んで楽しむんだ。つまり，スポーツの応援は一種のストレス発散で，チームが勝とうが負けようが，実は自分が楽しめれば何の関係もないんだろうと思うね。

　ところが，それを企業との関係に置き換えてみると，そうはいかないことがわかってくるよ。自分が株主である会社が儲けたか損をしたかは，株価や配当に影響してくるので，ビールを片手に「しょうがないね〜」って言ってられないんだね。株価が下がる前に，保有している株式を売却して，損失を最小限に抑えることが必要だろう。つまり，これは，今までの成績から将来を予測して，何らかの意思決定をすることが求められているってことだよ。

　同様に会社自身も，経営者は将来を見越して，常に新しい商品を開発したり市場の開拓をしたりして，昨年度よりも収益力を高める努力を継続的に行わなければならない。けれども，必ずしも，いつもうまくいくとは限らないね。これは，プロ野球でも同じことが言えるよね。ドラフトやトレードで新戦力を加え弱点を補強しても，なかなか勝てないからね〜。ところで，イチロー選手が名選手といわれる理由はどこにあるんだろうか？

イチロー　打率がよくて，盗塁が多くて，チャンスに強くて…。

鈴木先生　そうだね。特に，攻撃のチャンスで彼に打席が廻ってくると，ファンは期待するよね。例えば，「打率から考えると，そろそろヒットがでてもおかしくない」と予想するからだ。過去のデータを根拠にして将来を予測するということは，経営においても普通に行われていることなんだよ。

　そこで今回は，会社の成績表である財務諸表を用いて会社の現状を分析するための基本的なポイントを説明することにしよう。これは，先ほど言ったように，将来を予測するための材料として用いることができるんだということを忘れないようにしてもらいたい。だから，心してかかってほしい！

1　財務諸表の分析

　貸借対照表を見ると財政状態がわかります。具体的には，支払能力がどれだけ維持されているか，資金がどれだけ有効に利用されているかなどを知ることができます。また，資金の利用の結果は，経営成績といわれ損益計算書に示されています。しかし，これらの財務諸表に含まれる数値を実数のままで見るだけでなく，加工することにより，企業経営の実態をさらに深く知ることができます。このような財務諸表を利用した分析を**財務諸表分析**あるいは経営分析と呼んでいます。

　貸借対照表と損益計算書の分析は，分析を行う人およびその人の利用目的から内部分析と外部分析の2つに分類できます。

　内部分析は，経営管理者によるさまざまな管理のための分析です。彼らは重要な長期的問題の解決や，日常的管理のためのよりどころを求めています。このような企業内部の経営管理者の判断をサポートするのが内部分析というわけです。

　これに対して外部分析は，企業外部の利害関係者による分析で，投資家が企業に出資するかどうか，銀行が融資をするかどうか，新規に取引の申し出があったときにそれを受けて取引を始めるかどうか，あるいは労働組合が会社の賃金支払い余力を見極めるための情報を得たり，学生が就職先を決定する際に，その企業が安心して働けるかどうかを判断するためなどの分析です。

　また，分析を行う人の目的，すなわち分析を通して企業のどのような側面を知りたいのかという点から，安全性の分析，収益性の分析等に分類することができます。

　財務諸表分析はかつてアメリカで，銀行が企業から融資の申込みを受けたときに，貸付けの可否を判断するために利用したことから始まっています。このことから，安全性の分析が財務諸表分析の起源といってよいでしょう。しかし，企業の大規模化が進み，経営がプロの経営者に委ねられるようになると，その経営者の業績が株主によって評価されるようになり，そこで収益性の分析が始まることになったのです。

財務諸表分析には，その分析の方法として比率分析，実数分析，指数分析などがあります。比率分析は，財務諸表の中の関連ある複数の数値の関係を比率（％）として表示するものです。実数分析は，財務諸表の単独の数値，あるいは複数の数値の差額を表示するものです。また，指数分析は，例えばある年度の売上高を100として，その後の売上高の変動を指数で示し，その増減を表示する方法です。

　なお，財務諸表の数値や分析の結果自体を眺めていても，それだけでは何もわかりません。求めた結果は何かと比較をして，その数値を初めて評価できるのです。そこで，比較対象になるのが自社であり，他社というわけです。自社を比較対象とするというのは，期間比較を意味します。昨年度，5年前，あるいは10年前の自社の数値と比較すると趨勢（すうせい）を知ることができます。また，他社を比較対象とするというのは，企業間比較を意味し，競合する他社あるいは業界平均との比較を意味します。また，経験的に求められた一定の基準と比較することによって自社の優位点，必要な改善点を知ることができるのです。

　ところで，財務諸表分析を行うときに注意することがあります。財務諸表でわかることは昨年度の経営成績であり，決算時点での財政状態だということです。つまり，財務諸表は過去の情報だということです。したがって，その会社の業績予想を見たり，経済全般，その業界，その会社の状況について，絶えず最新の情報を収集し，これを考慮に入れて財務諸表を読むことが望まれます。また，財務諸表の数値は，それぞれの会社で選択した会計処理の方法によっています。減価償却の方法，棚卸資産の評価方法など，企業がどの方法を選択するかによって資産，費用，そして利益の額に影響がでますから，このことを頭に入れておく必要があります。もう1つ指摘すれば，会計では貨幣の額で測定できないものは取引として認めません。したがって，ブランドイメージや消費者の好感度は，会社にとって財産といえますが，財務諸表には現れません。

2　安全性の分析

　安全性の分析は，貸借対照表が分析の対象となります。そこでは，企業の債務返済能力，すなわち借金を支払える能力があるかどうか，あるいは景気の変

動があってもそれに影響されないで安定した経営を続けていくことができるか
どうか，さらにはそのための財務の柔軟性を有しているかどうかを判定するた
めの分析がなされます。

1)　企業の支払能力

　企業の支払能力を分析するための代表的指標は，「流動比率」です。この比
率は，現金，売掛金，受取手形，棚卸資産，短期貸付金などの流動資産と，買
掛金，支払手形，短期借入金などの流動負債との関係を示してします。

$$流動比率 = \frac{流動資産}{流動負債}$$

　この比率は，高いほど債務の返済能力が高いことを意味します。どの程度が
ふさわしいかは，経済の環境，その企業の属する業界の事情，取引銀行との関
係などその企業の特殊性を考慮して決めることになります。

　流動資産には，棚卸資産，すなわち商品のように販売したり，原材料のよう
に加工して製品にして販売するものは販売までの時間がかかり，また現金化の
リスクを伴うものがあります。そこで，流動資産に代えて，流動資産から棚卸
資産などを差し引いた当座資産を用いることで，より厳密な支払能力を知るこ
とができます。これを当座比率といいます。

$$当座比率 = \frac{当座資産}{流動負債}$$

　流動比率は，最初に銀行家が使用したことから，銀行家比率とも呼ばれてい
ます。このとき，流動負債の2倍の流動資産があることを要求しましたが，今
日の日本でこの原則を満たす企業はほとんどありません。前に述べたように，
時代と地域，そのときの国の金融政策さらに業種や個別の企業の事情で判断が
異なることに留意してください。

2)　経営の安定性

　自己資本は，株主が拠出した資本と企業に留保された利益からなっていまし

た。しかし，「資本の部」が「純資産の部」に変わったことから，自己資本の範囲も少し変わりました。現在では，下に示すように，株主資本に評価・換算差額等を加えた部分が自己資本となっています。

11－1 ●自己資本の範囲

貸借対照表

Ⓐ　株主資本　Ⓑ　評価・換算差額等　Ⓒ　株式引受権　Ⓓ　新株予約権

　「自己資本比率」は，総資本に占める自己資本の割合として示されます。この割合が高いということは，銀行からの借入金が多くないことを示すので，高いほど安定しているといえます。ここで総資本とは，「負債＋純資産」，つまり資産の総額ということでもあります。

$$自己資本比率 = \frac{自己資本}{総資本}$$

　これに対して，負債比率は自己資本に対する他人資本の割合で，低いほど安定しているといえます。

$$負債比率 = \frac{他人資本}{自己資本}$$

3）　財務の柔軟性
　すでに述べたように，資金には流動性の高いものと，逆に流動性が低く固定性の高いものとがあります。固定性の高い資産へ投資された資金は，それを現金などの流動性のある資金で回収するのに長期間を有し，財務の硬直化を招く

ことになります。このことから，この財務の硬直性を招く固定資産への投資に対しては，できれば株主への返済義務がない自己資本の範囲内で行われていることが望ましいのです。固定資産の資金が安定的な資金源から調達されているかどうかを判断するものが「固定比率」です。固定比率は固定資産と自己資本の関係であって，100％以下であれば固定資産が自己資本の範囲内でまかなわれていることを意味しています。

$$固定比率 = \frac{固定資産}{自己資本}$$

また，固定資産の調達を自己資本の範囲内に限定するのは，必ずしも現実的ではなく，たとえ負債であっても返済期日が１年以上先の固定負債であれば，それによって固定資産を調達することもあってよいのではという考え方から，自己資本と固定負債の合計で固定資産の調達がまかなわれているか否かを見ようとする指標があります。それが，固定長期適合率です。返済期日の長い固定負債によるにしろ，この比率が高いことは，利息を支払わなければならない資金によって固定資産の多くが調達されたことを意味しています。

$$固定長期適合率 = \frac{固定資産}{(固定負債 + 自己資本)}$$

なお，比率分析では，流動比率を始めとして高いほうが優れているという取扱いをしてきましたが，固定比率と固定長期適合率については，低いほうが優れているという判断をすることに注意してください。

3　収益性の分析

企業の最大の目的は，利益の獲得です。利益が上がらなければ，株主に配当ができず，従業員に給料が払えず，また長期的には財務の安全性を損なうことにもなります。企業の経営成績，すなわちどれだけの利益を獲得する力があるかは経営者の力量を判定する指標にもなります。**収益性の分析**は，損益計算書を主たる分析対象としますが，貸借対照表も関連してきます。

1) モトデとモウケの比較

　収益性は企業の利益を獲得する力をいいます。この力は基本的には「モトデとモウケ」、すなわち資本に対する利益の大きさで測定されます。この比率を「資本利益率」といいます。

$$資本利益率 = \frac{利益}{資本}$$

　ひと口に資本といっても、総資本、自己資本などがあり、また利益といっても営業利益、経常利益、当期純利益などがあります。分析の目的によってこれらの数値を組み合わせて資本利益率を計算することになりますが、一般に資本利益率という場合、総資本営業利益率、総資本経常利益率、総資本当期純利益率、自己資本当期純利益率などの資本利益率が利用されます。

　総資本営業利益率は、企業が使用している総資本の効率を中心的活動がもたらす営業利益から判断しようとする比率です。総資本経常利益率は、同じく総資本の効率を日常的な活動がもたらす経常利益から判断しようとする比率です。また、総資本当期純利益率は、総資本とすべての活動の結果として残った当期純利益の比率です。

　自己資本当期純利益率は、株主に帰属する資本、すなわち拠出した資本と利益のうち企業に留保されている部分の合計が、最終的にどれほどの利益を生みだしたのかを明らかにする比率です。株主は、配当の原資に関係する当期純利益率への関心が高いのです。

2) 売上と利益の関係

　企業の重要な経営活動は、何といっても売上に結びつく財貨・役務の販売活動でしょう。売上があって、初めて利益がもたらされるからです。そこでこの販売活動がどれだけ効率的に利益をもたらすかを見るのが「売上高利益率」です。これにも、対応させる利益によっていろいろな比率を求めることができます。

$$売上高利益率 = \frac{利益}{売上高}$$

　まず，売上高総利益率（粗利益率）は，売上高から売上原価を差し引いた売上総利益をもって売上高に対応させるものです。これによって，例えば100円の売上がいくらの粗利益をもたらすかを知ることができます。この比率は業種によって相当違いがでてきます。

$$売上高総利益率 = \frac{売上総利益}{売上高}$$

　次に売上高に営業利益を対応させると，中心的活動によって生まれる収益と費用の関係である売上高営業利益率が求められます。また，経常利益を対応させると，売上高経常利益率を求めることができ，日常的な活動の収益力を知ることができます。

$$売上高営業利益率 = \frac{営業利益}{売上高}$$

3)　資本の利用効率

　企業の収益力は，資本と利益，売上高と利益の関係だけで明らかにできるものではありません。企業が利用している資金の集合である資本がどれだけ活発に活動をしているかも重要なポイントです。これを知るのが資本回転率で，投下した資本が一定期間に売上という活動でどの程度回収されたかを見ようとするものです。この比率は，分母に資本，分子に売上高をおき，回転数で示されます。回数が多ければ，それだけ一定の資本で売上という活動が活発に行われたことを意味します。しかし，この比率は業種や形態によってかなりの相違があることに注意が必要です。

$$資本回転率 = \frac{売上高}{資本}$$

この比率の代表が「総資本回転率」です。投下した資本全体の回転率で，いわばその企業の資本の利用効率を全般的に示しているといえます。

また，無駄な在庫が含まれていないかをみるために，棚卸資産と売上高の関係を求めるのが棚卸資産回転率です。これと同じ考え方から，固定資産と売上高の関係を求めるのが固定資産回転率です。

なお，棚卸資産回転率や固定資産回転率の結果は，期間比較，企業間比較を行い，自社の特徴を知っておくことが有効です。

4)　総合的収益力の判定

企業の収益性を判定する方法として，資本利益率，売上高利益率，そして資本回転率を見てきました。それぞれ意味のある情報を提供してくれるのですが，実はこの三者には下記のような重要な関係があります。

11—2 ● 資本利益率の分解

この式からわかるように，資本利益率の良し悪しは，売上高利益率と資本回転率とが関係するのです。すなわち，各々の企業の収益力の仕組みはこの枠組みで決まってきます。企業が資本利益率を高めようとすると売上高利益率と資本回転率を高めなければならないというわけです。

しかし，これはそう簡単なことではありません。資本利益率を高めるためには利益を増やし，資本を減らすことが必要です。しかし売上高利益率を高めるためには利益を増やし，売上高を減らすことが必要ですし，資本回転率を高めるためには売上高を増やし，資本を減らすことが必要です。いわば，売上高に関しては二律背反ということになります。

優良企業は売上高利益率と資本回転率の両方が高く，不良企業は両方が低いという場合もありますが，実際にはどちらかが高く，どちらかが低いという場合が多いのです。それはその企業が何を取り扱っているか，どのように製造し，

販売しているかによって決まってくるのです。例えば，美術商とファースト
フード店を比較してください。違いがわかりますよ。このように，資本利益率
を売上高利益率と資本回転率に分解してみると，売上高利益率で稼ぐタイプの
会社，資本回転率で稼ぐタイプの会社とそれぞれの収益獲得の構造的相違を知
ることができます。では，実際に興味のある会社を取り上げて，財務諸表分析
を行ってみてください。

クールダウン

✉ イチロー君からの質問メール

鈴木先生
イチローです。

先日はありがとうございました。今では，財務諸表を興味をもって眺めるようにな
りました。私が父から継承する会社では，毎年３％の成長を目標に掲げて頑張って
いこうと思いますが，成長の程度を知る分析方法はないのでしょうか。

✉ 鈴木先生からの返事メール

イチロー君へ
財務諸表は一見無味乾燥だが，じっくり見ると，勘定科目と金額の羅列の中に経営
者の喜びと苦しみが隠れていると言っても言い過ぎではありません。

さて，経済成長期には企業の規模も拡大することを求められ，成長性の分析が注目
されるようになりました。現在は，低成長の時代であるとはいえ，それに甘んじて
いる会社は健全とはいえません。そこで，会社自体だけでなく，扱っている商・製
品の売上高や利益の増減，あるいは対前年伸び率なども５年間ぐらいの趨勢で読み
取るようにするとよいでしょう。特に経営者にとっては，会社全体の成長だけでは
なく，部門ごと，製品ごとの成長を見ることも大事です。

鈴木

～コラム⑪あと一球～

就職活動に会計情報を活用するには？

誰しも，就職活動では入りたい企業から内定をもらいたいものです。また，入社した途端に会社が倒産なんて憂き目にはあいたくないものです。そのためにも，会計情報を積極的に利用することをおススメします。

みなさんが目指す会社のHPには，必ずその会社の財務諸表が掲載されているはずですから，まずはそれを見つけましょう。最初に目につくのは，どの数字でしょうか？　多分，売上高，当期純利益，資本金ではないでしょうか。それらの金額を，去年の金額と比較してみてください。また，同業他社とも比較してみてください。それだけでも，その企業が伸びているのかそうでないのかわかります。できれば，営業利益もチェックするといいでしょう。

さらに，これらの金額の比較だけでなく，比率の比較をすると，規模の異なる企業同士でも同じ土俵で戦わせることができます。難しい場合は，『会社四季報』（東洋経済新報社）などを利用するといいでしょう。現状分析だけでなく将来展望まで記載されています。面接の際に，少しこのような話が盛り込まれていると，面接官も高い評価をしてくれるかもしれませんよ。

第12章

会計，「これまで」と「これから」

 ウォーミングアップ ·····························

イチロー　おはようございます。

鈴木先生　おはよう。さて，この特別授業も，今日が最終回だよ。会計に関心を持ってもらうために，いろいろと野球に関連させて話をするのにどの先生も苦労したんじゃないかと思うんだよ。だから，最後も，野球の話をしたあとで本題に入るとしよう。

　日本に「ベースボール」が輸入され，「野球」として根付いて今まで発展してきたと思う。だから，それまでの歴史を無視するわけにいかないだろう。昔は，大リーグで使い物にならなくなった選手が「現役大リーガー」という触れ込みで日本に出稼ぎにやってきた時代を知っている者からすると，日本人が大リーグで活躍するようになった現代は隔絶した感があるよ。でも，よく考えてみると，現役バリバリの大リーガーが日本に来るなんてことはなくて，使い物にならなくなったから日本で稼いでやろうと海を渡って来る選手を「助っ人」なんてありがたがってたんだね。中には，来日してカルチャーショックですぐに帰国した選手も山ほどいる。そんな時代を経て，イチロー選手などは，先駆けの1人として大リーグに行き，第一線で活躍した年数のほうが長いのだから，「恐れ入りま

した」とならざるをえないだろう。

　さて，これからのプロ野球を考えてみると，いろいろな問題が浮かび上がってくる。昔，日本でプロ野球といえば，「巨人」といわれていた。それは，単に巨人が強かったからだけではなく，どの地方でも，TVでは必ず巨人戦が放映されていたからだ。でも，昨今では，民放での野球放送時間は激減し，CS放送でいつも試合終了まで観ることができるようになって，いわゆる，巨人頼みの効果はなくなったことは明らかだ。そうなると，個々の球団ごとに生き残りの戦略を考えなくてはならない。少し実力のある選手が，すぐに「大リーグに行きたい」というのも，どうだろうか。各球団は，選手を引き止めるための手立てを考えているのだろうか。いろいろな意味で，野球界全体が10年先を見据えた戦略を考えるべきだろう。具体的には，ファンを10人目の選手にする戦略，人気のある選手の関連グッズを販売する戦略，もっと入場料を安くするなどのファンの人が喜んでグラウンドに足を運びたくなるような戦略もあると思う。

　企業経営も，将来の戦略を考える際には，必ず過去の戦略とそこから引き出される会計数値を参考にしているはずだ。そんな中，会計のルールが頻繁に変更されているため，その数値がどのように導き出されてきたのか，なかなか理解するのが難しくなってきていることも事実だ。

　しかし，逆に言うと，会計のことをしっかり学んで，それを個々の企業を判断するときに使うことができれば，いろんな意味で将来が開けてくるんじゃないかな。そこで今回は，前半では，「会計のこれまで（歴史）」について話して，後半では，「会計のこれから（将来）」についてもふれてみようと思う。

・・・

1　会計のこれまで

1)　会計の誕生 ・・・・・・・・・・・・・・・・・・・・・・・・・・・・・・・・・・・・・・・

鈴木先生　さて，会計はいつごろ誕生したか知っているかい。

イチロー　パチョーリという人が簿記を発明したと聞いたことがあります。

鈴木先生　正確な名前は「ルカ・パチョーリ」というのだが，よく知っていたね。ただし，彼が「発明した」と言うのは正しくないな。
....

　彼はイタリアの僧侶・数学者で，1494年に『算術，幾何，比および比例総覧（略して"スンマ"ともいう）』という書物を出版し，この本の中で当時の商人達が利用していた複式簿記を紹介しているのだ。この本は，複式簿記について述べた最初の印刷された書籍だ。複式簿記は単式簿記に比べると少しやっかいだが，地中海貿易をはじめとする交易が盛んに行われていたヴェネツィア，ジェノヴァ，フィレンツェなどのイタリア諸都市の商人達には，広くヨーロッパを股にかけて商売をし，その中で手形などの債権・債務をきちんと記録したり，損益を正しく計算するために複式簿記が必要不可欠になっていたのだね。また，ヨーロッパにアラビア数字が伝わったことも複式簿記の普及にひと役買ったことを忘れてはいけない。

....

イチロー　簿記って，ずいぶん昔からあったのですね。

鈴木先生　しかし，当時の簿記の中身は今と決定的な違いがある。それは，口別損益計算といって，一回の行商や航海などのようなひと固まりの商売ごとに損益の計算をしていたということだ。
....

　今日の期間損益計算が行われるようになったのは，貿易の舞台が地中海から大西洋に代わり，オランダが新しい経済的リーダーになった16世紀以降だ。このころになると，商売は次第に連続性を持つようになり，口別に損益を計算できるような商売の区切りが付かなくなってきた。すでに，「第１章　会計の守備範囲」で学んだように，今日の企業はほとんどそうだが，解散を前提としないで営業を続けている。こうした企業を継続企業と呼んでいる。そこで，やむなく人為的に会計期間を設けて，この会計期間ごとに損益計算をするようになったのだったね。

鈴木先生　そうそう！　オランダが今日の経済に及ぼした重要な影響があるの
だが，知っているかい。

イチロー　…。

鈴木先生　1602年に，オランダ東インド会社ができてこれが世界初の株式会社
になったということだ。この会社はほぼ200年続き，日本でも長崎で商売を
やっていた。株式会社はその出資者が有限責任なので，広く社会から資金を
調達することができ，企業の大規模化に道を開いたといえる。

　さて，会計の次の舞台はイギリスだ。この国は，何といっても18世紀末から
の産業革命という大きな役割を果たした。今日でも有名な製陶業のウエッジ
ウッドなどが代表的だが，工場生産が始まり，製品の原価計算が行われるよう
になったのだ。リトルトンというアメリカの会計史家は「原価計算は産業革命
の多くの産物の1つ」と言っている。また，イギリスでは，19世紀に会計士と
いう新しい職業が，会社の破産に対応するために生まれている。

2)　会計の成長

鈴木先生　株式会社が中心的な企業形態になり，企業が大規模化し，また機械
を使った生産が大々的に行われるようになると，個別の企業の中で次第に固
定資産が増加してくる。これに伴って，会計の世界で革命的な問題が発生し
てくるのだが，それは何だろう。

イチロー　（つぶやき；今日は最後ということだからかな～，質問がやけに多
いな。）

鈴木先生　減価償却だよ。つまり，固定資産原価の費用化ということだ。

イチロー　減価償却なんて，大昔からやっていたのだと何とはなしに思ってい
ました。

鈴木先生　大きく言えば，期間損益計算の適正化，発生主義による費用の認識
ということになる。すなわち，固定資産を財産としてではなく，費用の固ま
りと考えるようになったことから減価償却という手続きが始まるのだ。

146

　そして，会計の舞台は20世紀初頭のドイツに移るのだ。主演俳優はシュマーレンバッハ，演目は「動態論」である。従来は，貸借対照表は純財産を表示するものとされ，財産計算のための中心的財務諸表であったが，この時代に損益計算が会計の中心的テーマになり，貸借対照表は正しい損益計算のための補助手段であるとみられるようになった。「貸借対照表は年次決算の召使い」だとシュマーレンバッハは述べている。動態論以前は財産計算が会計の中心的テーマであったから，その意味では主客逆転だ。すなわち，彼は自分の学説を動態論と呼び，それ以前の考え方を「静態論」と呼んで区別した。

....

鈴木先生　さらに，この損益計算重視は，所有と経営の分離が進んだアメリカで…。

イチロー　先生，すみませんが，所有と経営の分離って，どこかで聞いた気がするのですが…。

鈴木先生　「第1章　会計の守備範囲」で話をしているけれども，要するに，出資者から分離した経営者が，企業経営に専門に従事するという状況だ。規模の小さな企業では，資金提供者が経営者でもあるということが当たり前のようにあるけれどね。

イチロー　父は出資者であり経営者。自分のところはまさにそれでは…。

鈴木先生　現在の我々の周りの大企業を見てごらん，ほとんどが所有と経営が分離している。それで，経営者が自分の地位を維持し，自分の力量をアピールするためには，利益をあげて立派な損益計算書を株主総会に提出しなければならない。と同時に1929年から始まった有名な世界大恐慌の発生だ。これによって証券市場に対する信頼は大きく損なわれたので，投資家が信頼できる財務諸表のあり方が国をあげての検討事項になったのだ。すなわち，こういう社会を作り出したアメリカが，動態論の次の舞台になった。1930年代から40年代に会計原則の設定ブームが巻き起こり，公認会計士協会や会計学会が競うように会計原則を発表したのだ。

....

　また，20世紀になると，経営者が企業業績を上げるための理論的，実践的研

究が進み，アメリカで経営学が誕生し，急速に発展する。その代表は**科学的管理**を提唱したテイラーだ。管理会計も，科学的管理の「標準による管理」の考え方をベースに，原価管理，予算管理として誕生し，普及した。さらに，1960年代には設備投資などの戦略的意思決定に関する技法の発展が見られたのだよ。1980年代から，より緻密な原価管理のために「活動基準原価計算（ABC）」という手法が利用されるようになった。

・・・

イチロー　イタリア，オランダ，イギリス，ドイツ，そしてアメリカときましたが，日本の出番はまだでしょうか？

鈴木先生　日本では江戸時代に「大福帳」という帳簿が大商人によって利用されていたが，これは複式簿記のような組織的なものではなかった。明治初期になって，米，英から複式簿記を学んだのだが，福沢諭吉は1873年にアメリカの商業学校のテキストを翻訳して『帳合之法』を発行している。スンマからでも約400年遅れているね。

・・・

　これ以後，日本は欧米の経営学，会計学を貪欲に学んでゆく。第二次大戦後の1949年には，『企業会計原則』をアメリカから導入した。これはその後長い間，日本の会計制度のトライアングルの1つの柱として機能してきた。

　20世紀中盤になると，日本の高度経済成長の中で**日本的経営**が世界の注目を集めた。例えばトヨタの「かんばん方式」というコトバを聞いたことがあると思う。世界では，ここに言うKANBANとかKAIZENだけでなく，働きすぎによるKAROSHIまでも知られるようになっているが，それ以外でも，トヨタの「原価企画」，京セラの「アメーバ経営」などは日本で生まれ，世界中で注目を集めている技術と言ってよい。

・・・

イチロー　会計の発達は，経済の発展によってもたらされたのですね。

鈴木先生　まさにそのとおり。しかし，同時に会計が経済に大きな影響を与えるという側面もあるのだよ。この点は，イチロー君自身の今後の研究課題と

しよう。

・・・

2　会計のこれから

・・・

鈴木先生　さて，会計の歴史はこれまでとして，会計のこれからについて話し
ていこう。

イチロー　これから，会計はどのような方向に展開していくのでしょうか？

鈴木先生　現在の会計を取り巻いている状況から考えると，利害関係者がどの
ような情報の公表を求めるのかにもよるけれども，開示される情報が量的に
も質的にも充実される方向に行くだろうね。また，会計技法を支える技術の
発展に伴い，利害関係者の取り組む姿勢が変化するだろうと思われるよ。だ
から，その2つの点についてみてみようと思う。

・・・

1)　ディスクロージャーの拡充

　企業における会計情報は，なんでもいいから開示すればいいというものでも
ないでしょう。利害関係者の意思決定に有用な情報が提供される必要がありま
す。特に，投資家にとっては，企業成果の予測をするために企業の現状に関す
る情報と，企業価値の評価のもとになる将来キャッシュ・フロー予測のために
利益情報は有用でしょう。

　近年では，投資家が適切な投資判断を行うために，①財務情報だけでなく非
財務情報，特に記述情報の充実，②建設的な対話促進に向けた情報の提供，③
情報の信頼性・適時性の確保に向けた取り組みという観点からディスクロー
ジャーの拡充が図られています。①に示す記述情報とは，企業の財務状況とそ
の変化，本業の成果を理解するために必要な情報をいいます。この記述情報に
は，経営者が考えている経営戦略やその戦略をとった際の経営成績等の分析を
含む経営者の認識・視点が示され，財務情報だけでは理解できない部分の情報
を提供することが期待されています。②では，投資家と企業との対話をより建
設的なものにするために，コーポレート・ガバナンス情報として，経営陣の報

酬内容や報酬体系と中長期的な企業価値の向上が結びついていることがわかるように，報酬決定プロセスの客観性や透明性を確保する意味で，役員報酬についてのディスクロージャーが拡充されています。③では，会計監査に関する情報の拡充といえますが，企業は適正な監査の確保に向けて，監査人とどのような取り組みを行っているのか，さらには，監査役会等は会計監査人をどのように評価しているのか等に関する情報開示がなされるようになってきています。

　これらのディスクロージャーの拡充によって財務情報が補完されることになり，財務情報への理解が進むことで，投資家とのコミュニケーションも促進され，その結果，企業価値の持続的な向上に結びつくことも期待できるようになるでしょう。

　さらに，近年取り上げられている非財務情報として，環境（Environment）・社会（Social）・ガバナンス（Governance）についての情報，いわゆるESG情報があります。環境情報には，自然災害，温室効果ガス，生物多様性等の情報が，社会情報には，労働環境，安全衛生，地域貢献等の情報が，ガバナンス情報には，企業倫理，リスク管理，経営体制等の情報が含まれています。これらの情報が重要視されはじめた背景には，気候変動問題，人口問題，地球環境問題や社会の持続可能性に関する問題が世界規模で議論され始めていることがあります。そういう環境の中で，ESG情報が，企業経営におけるリスクとなると認識すれば，それにどのように対処するのか，逆に事業機会ととらえれば，収益獲得のためのビジネスモデルを投資家に示すことで，企業価値を向上させていくことと結びつけて説明することが重要になってきています。

　その手段として，今まで，環境情報や社会情報はCSR報告書等で，ガバナンス情報はコーポレート・ガバナンス報告書等が用いられていましたが，企業の長期的価値の向上への取り組みを説明するために，「統合報告書」が用いられるようになってきています。これにより，財務情報を補完するものとして非財務情報も提供することができ，それによって財務情報に基づいて予測した企業の将来業績向上の可能性をより高めることができるようになります。そのため投資家は，短期的な投資ではなく長期的な視点で企業価値の向上を目指すためにESG情報を用いるという特徴を有しています。

　またそれ以外でも，投資家の意思決定に有用ということで，将来キャッ

シュ・フローを予測するためのさまざまな会計情報がクローズアップされています。実際の会計情報は，日々の企業活動を会計的にとらえて集計するため，過去情報であることは間違いありません。しかし，現在の会計情報は，将来予測や多くの見積りをもとにして構成されているといえます。当然，これらの情報は，投資家たちの意思決定に有用であることは言うまでもありませんが，そこには不確実性が同居していることを忘れてはいけないでしょう。そのことを前提とすれば，拡充された将来情報の開示ほど役立つものはないといえるでしょう。

2)　AIと会計

　いわゆる人工知能（AI）が発達してくると，会計についてもいろいろと変化が生じてくるのではないかと予想できます。すでに，2013年にオックスフォード大学の准教授が書いた論文では，10年後に消える職業・なくなる仕事の1つに「簿記，会計，監査の事務員」があげられています。そこからわかるように，AIの導入により会計実務が変わります。当然，会計監査業務も変わります。勉強する我々サイドでも，変わるでしょう。挙句の果ては，投資家の意思決定も変わるかもしれません。どういうことでしょうか…。

　実際に経理の現場で行われている会計実務は，これまで，毎日発生する取引を伝票や仕訳帳に記入して，総勘定元帳に転記して，残高試算表を作成して，決算整理を経由して財務諸表を作成することを業務としていました。しかし，会計ソフトの発達によって，勘定科目と金額を打ち込めば，財務諸表の作成までお任せすることができるようになってきています。さらにテクノロジーの進化によって，領収書を読み取らせるだけで財務諸表の作成まで行われるようになるでしょう。いや，すでにそうなっているかもしれません。つまり，単純業務はAIに置き換えられることになります。そういう意味では，業務の効率化は図られるでしょうが，それ以上のものになるかどうかは疑問です。人による何らかの指示がなければ，AIは適切に作動しないからであり，当然，前例や解のないものに対して「判断」する部分については，人の意思を無視するわけにはいかないからです。

　実務が変わってくるということは，いわゆる「学習簿記」も変わらざるを得

なくなります。例えば，実務で利用されない仕訳帳などの記帳方法を，一生懸命に学ぶ必要があるでしょうか。「受験簿記」は，資格試験を受験する者だけが勉強すればよいというスキルになるような気がします。これは，パソコンのOSソフトのプログラムを知らなくても，パソコンを効率的に利用できているというのと同じです。

　会計士業務にも変化が出るというのが，最初の予測でした。公認会計士の業務は，財務諸表をチェックして監査報告書を作成するというものでした。財務諸表作成プロセスの中に，不正が紛れ込んでいないかどうかを調べないといけません。今まで人海戦術で対応していた監査業務は，AIの導入に伴い，24時間体制ですべてのデータに目を通して分析できるようになります。つまり，会計監査の方法が試査から精査になることにより，監査の質が向上することになるでしょう。さらには，会計不正の発見も容易になされることになるでしょう。過去の会計不正のパターンをAIに学習させ，データ分析を行うことで不正を検出できるようになるでしょう。それにより，会計監査の現場も変わる予想がされています。今までは，公認会計士がチームを組んで仕事をしていましたが，AIの導入により，データ分析やAIの専門家と公認会計士がチームを組むことになりそうです。そして，そこで求められることは，財務諸表を読み解き会計士だけで重要な判断を下すことから，いろいろな専門家が集まりデータをいろいろな角度から読み解く能力が求められるように移行していくことになりそうです。それにより，会計士は単純な業務から解放されることになるでしょう。その時間は，コンサルティング等の新しい業務に向けることができます。つまり，AIの導入は，会計士の仕事をなくしてしまうのではなく，より重要な判断が求められる方向へ業務の内容が変わる機会になると考えられます。これにより，これまでの公認会計士像は，大幅に変わることになるでしょう。

　最後に，AIがより発展することで，投資家が行う意思決定もAIが行うという時代が到来するかもしれません。それでも，最終的な判断は，投資家個人が行うことに変わりはないでしょうけどね。しかし，そんな時代に会計を学ぶ意義は，どこにあるのかもシッカリと考えておくことも大事でしょう。

クールダウン

✉ イチロー君からの質問メール

鈴木先生へ

イチローです。先生，長い間，ありがとうございました。先生方から体系的に「会計学」を教えていただきましたので，今までの断片的な知識の整理ができたと思います。今後は，先生方から教えていただいた知識を基礎として，自分1人で勉強を続けていこうと思います。

最終的に，父の会社を引き継いで経営者になるためには，もう少し時間がかかると思います。そこで，今後，どのような専門書を読めばいいか，参考になるものを教えていただけませんでしょうか。

✉ 鈴木先生からの返事メール🖊

イチロー君へ

長い間，よく頑張りました。イチロー君が認識しているように，今回勉強したのは会計学の入口，いわゆる「はじめの一歩」です。最初の回に示したように，会計学はいろいろな個別の科目で構成されています。また，その個々の科目は，専門性が深く，難しいところもあると思います。ただ，あきらめずにコツコツと努力することが大切でしょう。

書店に出向くと，会計学の本はヤマのようにあり，どれを選べばいいのか迷ってしまいます。特に，「簡単にわかる…」とか「1週間で理解できる…」とか，または面白そうなタイトルをつけたハウツー本がたくさん見受けられますが，どちらかというと管理会計や財務諸表分析ベースの経営戦略を中心に説明をしたものが多いんですね。当然，管理会計も重要ですが，会計の将来のことを考えると，制度会計を中心とする財務会計の知識を外すわけにはいかないことがわかりますね。

そこで，君のヤル気が熱いうちに，書店で直接手にとって「これで勉強しよう！」という本に出合えることを期待しています。そのときの参考に，「添付ファイル」に何冊かの本をあげておきます。また，何か質問があれば，いつでも研究室を訪ねて来てください。

では，お元気で。

鈴木

［添付ファイル］

〈参考文献リスト〉
田中建二（著）『財務会計入門（第6版）』中央経済社
渡部裕亘／片山覚／北村敬子（編著）『検定簿記講義3級（商業簿記）』中央経済社
櫻井通晴（著）『管理会計（第7版）』同文舘出版
渡邉泉（著）『会計学の誕生』岩波新書
稲盛和夫（著）『稲盛和夫の実学』日経ビジネス人文庫
加藤弘之（著）『ストーリーで分かる会計マインド入門』幻冬舎
伊丹敬之／青木康晴（著）『現場が動き出す会計』日本経済新聞出版

～コラム⚾あと一球～

仮想通貨の会計処理はどうなりますか？

どこかで一度は聞いたことがあるビットコインやリブラのような仮想通貨（暗号資産ともいう）は，会計ではどのような処理がなされるのでしょうか？　仮想通貨は，価値の変動が大きいため，通貨としてよりも投機の対象となっています。仮想通貨が，法律上の権利に該当するかどうか明らかではありませんが，会計上は資産として扱われます。

貸借対照表に資産として記載する場合，注意する点は「活発な市場」の存在の有無になります。活発な市場が存在する場合は，市場価格に基づく価額が貸借対照表価額になり，帳簿価額との差額が当期の損益になりますが，活発な市場が存在しない場合は，取得原価が貸借対照表価額になります。

また，仮想通貨を売買する場合，売却損益は売買の合意が成立した時点で計上することになります。この場合，損益計算書には，売却収入と売却原価との差額を純額で表示します。

この通貨の価値の乱高下は，多額の評価損益を計上することになります。そのため，会計制度の制定もさることながら，仮想通貨自体を法定通貨として利用できるような法整備も必要ではないでしょうか。

おわりに

　2019年3月21日，偉大なプロ野球選手，鈴木一朗，通称，イチローが引退しました。

　『会計学はじめの一歩』は，2012年，利用してくれる方々に会計学を身近に感じてもらうことを念頭に，当時，大リーグで活躍していたICHIROの名前を借りて，私，鈴木の甥っ子にあたる鈴木イチローを主人公として登場させ，ストーリー仕立ての教科書として世に送りだされました。

　2012年当時，大リーガーのイチローはシアトル・マリナーズのスター選手でしたので，その彼がどこかのチームに移籍するなど考えも及びませんでしたが，現実には，数年後にヤンキースに移籍し，さらにマーリンズを経由して，再びマリナーズに戻っての引退となりました。その間に，4,367安打という輝かしい大記録も達成しました。当時，大リーグで活躍の日本人は松井秀喜でした。彼も，入団当初のヤンキースからエンゼルスなどいくつかの球団に移籍して，2012年末に引退しましたが，初版の原稿を書いているときは現役でしたので，書中に登場させたりしました。その後，松坂大輔や上原浩治を含む多くの日本人選手が海を渡り，現在では，田中マー君，ダルビッシュ，マエケン，菊池雄星，大谷翔平らの第三世代が活躍しています。

　近年，いくつかの会計制度の見直しがありましたので，イチローの引退にあわせて初版の執筆陣に声をかけ，それぞれに最新動向を含む内容にリライトをお願いしました。その中で，現在の読者にあわせる形で登場人物を少し変えるようにしました。そして，完成したのが本書（第2版）になります。「大学1年生の導入教育で利用できる適切な教科書」という基本的なスタイルを踏襲しながら，現在の制度にあわせる形での改訂に加え，初版で抜け落ちてしまっていた事項を追加したり，中央経済社のHPにある本書の紹介コーナーで「自主トレ」と称する練習問題を掲載するなど新たな試みもしてみましたので，使い勝手は以前よりもよくなっていると思いますが，どうだったでしょうか。

　私はすでに退職し，第一線から身を引いていますが，初版の編集責任者ということもあり，今回，最後の仕事のつもりでお引き受けさせていただき，いろいろな試みを考える時間を楽しませてもらいました。近年，野球人口が減って

いるといわれますが，今年は，夏の甲子園予選で163キロのボールを投げる
ピッチャーが登場してきたり，次の100年に向けて第101回目の甲子園大会が開
催されたりと話題もつきません。本書も，魅力ある教科書の1冊として，初版
同様，またそれ以上に，より話題性をもって初学者の人たちに手に取ってもら
えるようになればと願うばかりです。

2019年　初秋

KS

索　引

【編著者紹介】

鈴木一道（すずき　かずみち）　執筆担当：第1，2，7，8，11，12章
大東文化大学名誉教授
1967年　明治大学商学部卒業
1972年　明治大学大学院商学研究科博士課程単位取得
2001年　博士（商学：明治大学）
◆主要業績：『管理会計論』（森山書店，1985年，共著），『バンヤード　イギリス
管理会計士勅許協会の発展』（大東文化大学経営研究所，1989年，訳書），『イギリ
ス管理会計論』（大東文化大学経営研究所，1996年），『イギリス管理会計の発展』
（森山書店，2001年）

【執筆者紹介】

山崎雅教（やまざき　まさのり）　執筆担当：第1，2，3，4，5，6，12章
大東文化大学経営学部教授

小松義明（こまつ　よしあき）　執筆担当：第9章
前大東文化大学経営学部教授

髙沢修一（たかさわ　しゅういち）　執筆担当：第10章
大東文化大学経営学部教授

会計学　はじめの一歩（第2版）

2012年3月20日　第1版第1刷発行
2019年2月25日　第1版第9刷発行
2020年3月15日　第2版第1刷発行
2024年1月25日　第2版第4刷発行

編著者　鈴　木　一　道
発行者　山　本　　継
発行所　㈱中央経済社
発売元　㈱中央経済グループ
　　　　パブリッシング
〒101-0051　東京都千代田区神田神保町1-35
電話　03(3293)3371(編集代表)
　　　03(3293)3381(営業代表)
https://www.chuokeizai.co.jp
印刷／文唱堂印刷㈱
製本／㈲井上製本所

©2020
Printed in Japan

ISBN978-4-502-33351-4　C3034